L' ITALIANO AL LAVORO

Certificato di Conoscenza dell'Italiano Commerciale

> rilasciato dall'Università per Stranieri di Perugia

Come prepararsi all'esame

Livello avanzato **A**

Stampa
Guerra guru s.r.l. - Perugia

I edizione
© Copyright 2004
Guerra Edizioni - Perugia

ISBN 88-7715-705-4

Progetto grafico
salt & pepper_perugia

Guerra Edizioni
via Aldo Manna 25 - Perugia (Italia)
tel. +39 075 5289090
fax +39 075 5288244
e-mail: geinfo@guerra-edizioni.com
www.guerra-edizioni.com

Francesca Parizzi Stefania Rocco

L' ITALIANO AL LAVORO

Certificato di Conoscenza
dell'Italiano Commerciale

> rilasciato dall'Università per Stranieri di Perugia

Come prepararsi all'esame

Livello avanzato   **A**

Guerra Edizioni

4

indice

CIC
CERTIFICATO DI CONOSCENZA DELL'ITALIANO COMMERCIALE

Comunicare nel mondo del lavoro

La comunicazione nel mondo del lavoro assume un'importanza sempre crescente grazie ad una serie di trasformazioni che ne hanno ridefinito le caratteristiche e le dinamiche.

In questo contesto cresce l'esigenza di operare con **personale sempre più qualificato**, pronto a rispondere alle necessità imposte dal nuovo mondo del lavoro e capace di muoversi autonomamente in un ambiente internazionale.

La conoscenza delle lingue straniere si impone come un requisito indispensabile per chi vuole affrontare consapevolmente e con la giusta professionalità questo nuovo contesto.

Il CIC - Certificato di Conoscenza dell'Italiano Commerciale

L'Università per Stranieri di Perugia, l'istituzione più antica e prestigiosa nel campo della ricerca sull'apprendimento e l'insegnamento dell'italiano, rilascia il Certificato di Conoscenza dell'Italiano Commerciale (CIC) che attesta la conoscenza della lingua italiana idonea per poter interagire ed operare in contesti lavorativi.

La creazione di questo strumento di verifica e valutazione, primo del suo genere in Italia, risponde all'esigenza sempre più sentita di certificare la conoscenza dell'italiano per tutti coloro che utilizzano questa lingua come **concreto strumento di comunicazione** in una realtà economica dove il marchio "Made in Italy" si impone in molti settori.

Il CIC comprende una serie di test che intendono riproporre i compiti e le attività tipiche che si presentano a **chi opera effettivamente** in ambiti lavorativi italiani, soprattutto in ambienti aziendali ed organizzativi .

I testi proposti durante le prove sono **autentici** e al candidato viene richiesto di dimostrare non solo la propria competenza linguistica, ma anche la capacità di interagire e comunicare efficacemente.

Anche se gli argomenti e i contenuti selezionati gravitano sempre nell'area di interesse economico e commerciale, **non è richiesta al candidato nessuna conoscenza pregressa di specifici settori tecnici.**

Il CIC si rivela quindi un ottimo strumento di verifica e valutazione per una serie di utenti:

- per persone che operano o intendono operare in ambiti lavorativi internazionali e che vogliono arricchire il proprio curriculum personale
- per aziende ed organizzazioni in fase di selezione del personale o di verifica delle qualifiche degli addetti
- per scuole/università con indirizzo economico e commerciale che vogliono sondare o determinare il livello di conoscenza dell'italiano dei propri studenti

I livelli di competenza linguistica del CIC
Il CIC è disponibile per due livelli:
LIVELLO INTERMEDIO e LIVELLO AVANZATO

Questi due livelli si collocano all'interno del Quadro di Riferimento elaborato dall'ALTE (*Association of Language Testers in Europe*), associazione europea che comprende alcune tra le più importanti istituzioni impegnate nel settore della verifica e valutazione della conoscenza delle lingue straniere e di cui l'Università per Stranieri di Perugia è membro fondatore.

Il Quadro di Riferimento ALTE è strutturato su 6 livelli **equiparati ai livelli del *Common European Framework of Reference for Languages: learning, teaching, assessment*** emanato dal Consiglio d'Europa.

I 2 livelli del CIC si collocano rispettivamente:

LIVELLI DEL CONSIGLIO D'EUROPA		LIVELLI ALTE	LIVELLI DEL CIC Certificato di Conoscenza dell'Italiano Commerciale
LIVELLO ELEMENTARE	A1 contatto	LIVELLO contatto	
	A2 sopravvivenza	LIVELLO 1	
LIVELLO INTERMEDIO	B1 soglia	LIVELLO 2	**CIC INTERMEDIO**
	B2 progresso	LIVELLO 3	
LIVELLO AVANZATO	C1 efficacia	LIVELLO 4	**CIC AVANZATO**
	C2 padronanza	LIVELLO 5	

Oltre all'italiano, i certificati rilasciati dai membri ALTE per l'attestazione della conoscenza di una lingua straniera in contesti legati all'ambiente lavorativo sono ad oggi disponibili in altre 4 lingue:

LIVELLI	ITALIANO	INGLESE	FRANCESE	TEDESCO	SPAGNOLO
LIVELLO Contatto A1					
LIVELLO 1 A2					
LIVELLO 2 B1	**CIC (Certificato di Italiano Commerciale) intermedio**	BEC (Business English Certificate) Preliminary			
LIVELLO 3 B2		BEC (Business English Certificate) Intermediate		ZDfB (Zertifikat Deutsch für den Beruf)	CEN (Certificado de Español de los Negocios)
LIVELLO 4 C1	**CIC(Certificato di Italiano Commerciale) avanzato**	BEC (Business English Certificate) Advanced		PWD (Prüfung Wirtschaftsdeutsch International)	
LIVELLO 5 C2			DSEC (Diplome Supérieur d'Etudes Commerciales)		DEN (Diploma de Español de los Negocios)

LE INDICAZIONI DI CAPACITA'

I livelli sono definiti attraverso una serie di indicazioni di capacità che descrivono ciò che chi usa una lingua straniera ad un determinato livello **è effettivamente in grado di fare**.

Le indicazioni sono state ripartite in 40 categorie, definite in base al contesto d'uso della lingua.
Lo schema seguente propone un campione esemplificativo delle capacità tipiche richieste a chi interagisce in un ambiente lavorativo, distribuite sui 6 livelli in cui si articola il Quadro di Riferimento dell'ALTE.

Le indicazioni di capacità sono ripartite in base alle 4 abilità linguistiche: Ascolto / Produzione orale – Lettura – Produzione scritta.

LIVELLI	Ascolto / Produzione orale	Lettura	Produzione scritta
LIVELLO Contatto A1	E' IN GRADO di ricevere e trasmettere messaggi di routine, del tipo "Venerdì mattina, appuntamento alle 10.00"	E' IN GRADO di comprendere brevi relazioni su argomenti familiari o descrizioni di prodotti se espressi in un linguaggio semplice e se i contenuti sono prevedibili	E' IN GRADO di scrivere un semplice messaggio di richiesta ad un collega del tipo "Potrei avere 20 ..., per favore?"
LIVELLO 1 A2	E' IN GRADO di esporre semplici richieste nell'ambito del proprio settore di lavoro, del tipo "Vorrei ordinare 25 pezzi di ..."	E' IN GRADO di comprendere brevi relazioni su argomenti di natura prevedibile nell'ambito del proprio settore di competenza, avendo sufficiente tempo a disposizione	E' IN GRADO di lasciare brevi ed esaustivi messaggi / appunti ad un collega o al referente abituale di un'altra ditta
LIVELLO 2 B1	E' IN GRADO di dare consigli ai clienti su problemi semplici nell'ambito del proprio settore di lavoro	E' IN GRADO di comprendere il significato generale di lettere non di routine e articoli di tipo teorico che riguardano il proprio settore di lavoro	E' IN GRADO di prendere appunti abbastanza accurati durante riunioni o seminari il cui argomento sia familiare e prevedibile
LIVELLO 3 B2	E' IN GRADO di ricevere e trasmettere messaggi anche delicati nel corso di una tipica giornata lavorativa	E' IN GRADO di comprendere la maggior parte della corrispondenza, delle relazioni e del materiale informativo scritto su prodotti di vario tipo con cui potrebbe venire a contatto	E' IN GRADO di occuparsi delle richieste di routine relative a prodotti o servizi vari
LIVELLO 4 C1	E' IN GRADO di contribuire efficacemente a riunioni e seminari nell'ambito del proprio settore di lavoro nonché di esprimersi a favore o contro possibili collaborazioni esterne	E' IN GRADO di comprendere la corrispondenza anche in un linguaggio non standard	E' IN GRADO di affrontare una vasta gamma di situazioni di routine e non di routine nelle quali gli venga richiesto un parere professionale
LIVELLO 5 C2	E' IN GRADO di dare consigli e discutere di problemi delicati e controversi, ad esempio argomenti finanziari o legali nella misura in cui possiede la competenza specialistica necessaria	E' IN GRADO di comprendere relazioni e articoli relativi al proprio settore di lavoro, compresi concetti di tipo più complesso	E' IN GRADO di prendere appunti completi ed accurati e, nel medesimo tempo, continuare a partecipare attivamente ad una riunione o seminario

LE INDICAZIONI DI CAPACITA' DEL CIC AVANZATO

LE FIGURE PROFESSIONALI DI RIFERIMENTO	CERTIFICATO DI CONOSCENZA DELL'ITALIANO COMMERCIALE LIVELLO AVANZATO = C1 / ALTE LIVELLO 4		
Il CIC Avanzato certifica la conoscenza dell'italiano commerciale idonea per figure professionali capaci di muoversi in piena autonomia in un contesto aziendale o organizzativo, ricoprendo anche incarichi di responsabilità.	LE INDICAZIONI DI CAPACITA'*		
	ASCOLTO / PRODUZIONE ORALE	LETTURA	PRODUZIONE SCRITTA
	Chi ottiene il CIC AVANZATO E' IN GRADO DI:	Chi ottiene il CIC AVANZATO E' IN GRADO DI:	Chi ottiene il CIC AVANZATO E' IN GRADO DI:
	- usare il telefono per la maggior parte degli scopi relativi ai contesti indicati	- capire il significato della corrispondenza scritta in linguaggio non standard	- scrivere la maggior parte delle lettere che gli/le sono necessarie, con occasionali errori che non pregiudicano la comprensione del messaggio
Chi ottiene questo certificato è in grado di svolgere mansioni che implicano un contatto costante e duraturo con clienti, fornitori o partner italiani, sapendo interagire in ogni situazione ed affrontando qualsiasi argomento.	- seguire discussioni o dibattiti con necessità solo occasionale di chiarimenti	- capire, senza fraintenderlo gravemente, il significato generale di articoli anche complessi	
	- contribuire in modo efficace a incontri e seminari nell'ambito della propria area di lavoro	- capire istruzioni dettagliate	- prendere appunti su argomenti non familiari
Al livello di competenza linguistica attestato dal CIC Avanzato, le figure professionali di riferimento possono essere, a titolo esemplificativo: - personale con cariche dirigenziali, in grado di operare in ambiente aziendale italiano - agenti di commercio internazionali, capaci di sostenere una negoziazione con il cliente italiano - personale tecnico impegnato in progetti transnazionali - personale amministrativo impegnato nella stipula di contratti	- rispondere a domande non prevedibili	- capire la funzione di istruzioni anche al di fuori del proprio ristretto settore di lavoro	- scrivere una relazione efficace
	- sostenere con successo le proprie ragioni, in qualsiasi situazione relativa al proprio ambito di lavoro	- capire la maggior parte delle relazioni che gli /le può capitare di leggere	- fare qualsiasi tipo di richiesta di prodotti o servizi
	- dare informazioni dettagliate e fare richieste dettagliate nell'ambito della propria attività		- destreggiarsi in quasi tutte le situazioni, di routine e non, nelle quali le/gli venga richiesta una prestazione professionale
	- rispondere a domande anche al di fuori del proprio ambito di lavoro		
	- impegnarsi in una conversazione prolungata su argomenti di propria competenza		
	- scrivere sotto dettatura su argomenti ricorrenti nel proprio settore di lavoro		

11

* Le indicazioni di capacità riportate in questo schema hanno carattere indicativo e non esaustivo

LE PROVE D'ESAME DEL CIC AVANZATO

CIC AVANZATO – LIVELLO C1

COMPRENSIONE DI TESTI SCRITTI
Durata della prova: 60 minuti
Lunghezza dei testi: circa 1700 parole complessive

Abilità specifica testata	Input	Compito richiesto al candidato	Formato delle risposte
PARTE I Comprensione del significato specifico di informazioni tratte da un testo	Tre testi autentici di contenuto e formato affine	Abbinare al testo di riferimento alcune affermazioni tratte da una lista	Abbinamento
PARTE II Comprensione del significato generale di un testo	Un testo tratto da documentazione autentica (corrispondenza, messaggi, contratti, stampa di settore, etc.)	Completare il testo inserendo negli spazi indicati la parte di testo mancante scegliendola da una lista	Completamento
PARTE III Comprensione sia del significato generale di un testo che di informazioni specifiche	Un testo tratto da documentazione autentica (corrispondenza, messaggi, contratti, stampa di settore, etc)	Saper riferire il testo all'ambito appropriato e ricavare alcune informazioni specifiche	Scelta multipla

CIC AVANZATO – LIVELLO C1

PRODUZIONE DI TESTI SCRITTI
Durata della prova: 90 minuti

Abilità specifica testata	Input	Compito richiesto al candidato	Formato delle risposte
PARTE I Elaborare un testo scritto svolgendo operazioni di tipo informativo (descrivere processi, classificare, etc.)	Grafico o tabella	Illustrare il grafico o la tabella dati come input in una relazione di circa 100 parole	Relazione di circa 100 parole
PARTE II Elaborare un testo scritto svolgendo operazioni di tipo argomentativo (commentare, trarre conclusioni, fare ipotesi, etc.)	Indicazioni utili per delineare il contesto in cui calare la relazione (destinatario, argomento, premesse)	Elaborare in una relazione scritta quanto richiesto dall'input	Relazione di 200 / 250 parole

12

COMPRENSIONE DI TESTI ORALI

Durata della prova: 30 minuti

Lunghezza dei testi: circa 1500 parole complessive

Abilità specifica testata	Input	Compito richiesto al candidato	Formato delle risposte
PARTE I Comprensione di informazioni specifiche tratte da un testo	Monologhi o conversazioni relativi a situazioni ricorrenti in ambito lavorativo.	Trascrivere alcune informazioni in apposita scheda (prendere appunti)	Completamento
PARTE II Comprensione del significato generale di un testo	Brevi monologhi relativi ad attività ricorrenti in ambito lavorativo	**Compito a)** Abbinare le affermazioni ascoltate alle figure professionali che le presentano, scegliendole da una lista **Compito b)** Abbinare le affermazioni ascoltate al relativo significato generale, scegliendolo da una lista	Abbinamento
PARTE III Comprensione sia del significato generale di un testo che di informazioni specifiche	Monologhi o conversazioni relativi a situazioni ricorrenti in ambito lavorativo	Saper riferire il testo all'ambito appropriato e ricavare alcune informazioni specifiche	Scelta multipla

Colonna laterale: CIC AVANZATO – LIVELLO C1

13

PRODUZIONE ORALE

Durata della prova: 15 minuti circa

Abilità specifica testata	Input	Compito richiesto al candidato	Format della comunicazione
PARTE I Comunicare oralmente in modo improvvisato e a livello colloquiale	Domande poste dall' interlocutore	Parlare e rispondere a domande su argomenti personali, senza preventiva preparazione	1 candidato 1 interlocutore 1 esaminatore
PARTE II Interagire oralmente su argomento noto e a livello formale Essere in grado di negoziare, persuadere,etc	Indicazioni utili per riferire la conversazione ad un preciso contesto (luogo, ruolo dell' interlocutore, situazione, etc.) Il materiale sul quale verterà la conversazione viene consegnato al candidato 15 minuti prima della prova	Interagire con l'interlocutore nella costruzione di un evento comunicativo	1 candidato 1 interlocutore 1 esaminatore
PARTE III Parlare di un argomento noto. Essere in grado di descrivere, argomentare, etc.	Argomento intorno a cui si svilupperà il monologo e indicazioni per contestualizzarlo (ruoli, obiettivi, etc.). Il materiale sul quale verterà la conversazione viene consegnato al candidato 15 minuti prima della prova	Esporre un monologo	1 candidato 2 esaminatori

Colonna laterale: CIC AVANZATO – LIVELLO C1

Alle quattro prove indicate, si affianca una prova finalizzata alla valutazione della conoscenza sia grammaticale che lessicale del candidato	
Durata della prova: 35 minuti	**Lunghezza dei testi: circa 700 parole complessive**
La prova prevede 2 test :	Completare testi di argomento ricorrente in ambito lavorativo scegliendo l'opzione corretta tra 4 proposte
	Completare un testo autentico inserendo negli spazi numerati le parole mancanti

CRITERI DI VALUTAZIONE E PUNTEGGI DEL CIC AVANZATO

Gli elaborati scritti dei candidati vengono corretti presso l'Unità di Certificazione dell'Università per Stranieri di Perugia.

La prova orale viene valutata in loco secondo criteri e scale di misurazione predisposti dall'Unità di Certificazione dell'Università per Stranieri di Perugia.

14

CIC AVANZATO – LIVELLO C1			
PROVA	**CRITERI E PUNTEGGI**		**PUNTEGGIO COMPLESSIVO DELLA PROVA**
Comprensione di testi scritti	**Prova I** 1 punto per ogni abbinamento corretto 0 punti per ogni abbinamento errato o per l'astensione	**Prova II** 1 punto per ogni risposta corretta 0 punti per ogni risposta errata o per l'astensione	**Prova III** 1 punto per ogni risposta corretta 0 punti per ogni risposta errata o per l'astensione	**35 punti**
Produzione di testi scritti	**Prova I** **Criteri di valutazione:*** competenza lessicale (scala da 1 a 4) competenza morfologica e sintattica (scala da 1 a 4) competenza socioculturale (scala da 1 a 3) coerenza (scala da 1 a 4) **Prova II** **Criteri di valutazione:*** competenza lessicale (scala da 1 a 5) competenza morfologica e sintattica (scala da 1 a 5) competenza socioculturale (scala da 1 a 5) coerenza (scala da 1 a 5)		**15 punti** **20 punti**
Comprensione di testi orali	**Prova I** 1 punto per ogni completamento corretto 0 punti per ogni completamento errato o per l'astensione	**Prova II** 1 punto per ogni risposta corretta 0 punti per ogni risposta errata o per l'astensione	**Prova III** 1 punto per ogni risposta corretta 0 punti per ogni risposta errata o per l'astensione	**35 punti**
Produzione orale	**Criteri di valutazione:**** appropriatezza comunicativa (scala da 1 a 5) correttezza morfologica e sintattica (scala da 1 a 5) pronuncia e intonazione (scala da 1 a 5) competenza lessicale (scala da 1 a 5)	il punteggio totale è moltiplicato x 3	**60 punti**

CIC AVANZATO – LIVELLO C1

Grammatica e lessico	Prova I 1 punto per ogni completamento corretto 0 punti per ogni completamento errato o per l'astensione	Prova II 1 punto per ogni completamento corretto 0 punti per ogni completamento errato o per l'astensione		35 punti
Punteggio complessivo				**200 punti**
Punteggio minimo per superare l'esame				**120 punti**

* Vedi si seguito scale di competenze e punteggi.
** Vedi scale di competenze e punteggi alla pagina n.17

ESPRESSIONE DEL RISULTATO

Il risultato si ottiene sommando i punteggi riportati nelle singole prove e si esprime in gradi . I gradi previsti sono 5: 3 positivi 2 negativi Ogni grado viene indicato con una lettera dell'alfabeto e corrisponde ad una determinata banda di punteggi	grado A = ottimo
	grado B = buono
	grado C = sufficiente
	grado D = insufficiente
	grado E = gravemente insufficiente

SCALE DI COMPETENZE E PUNTEGGI

PROVE DI PRODUZIONE DI TESTI SCRITTI

COMPETENZA LESSICALE

Si attribuisce il punteggio di		ad un compito che presenta un vocabolario
4 punti	5 punti	sempre totalmente adeguato alla situazione, con ricca presenza di vocaboli specialistici del linguaggio commerciale
3 punti	4 punti	adeguato alla situazione, salvo imperfezioni che non disturbano la lettura del testo e con buona presenza di vocaboli specialistici del linguaggio commerciale
3 - 2 punti	3 punti	talvolta inadeguato, con discreta presenza di vocaboli specialistici del linguaggio commerciale
2 – 1 punti	2 punti	talvolta inadeguato e con scarso ricorso a vocaboli specialistici del linguaggio commerciale
1 punto	1 punto	spesso inadeguato e senza alcun ricorso a vocaboli specialistici del linguaggio commerciale
PROVA 1	PROVA 2	

COMPETENZA MORFOLOGICA E SINTATTICA

Si attribuisce il punteggio di		ad un compito che presenta
4 punti	5 punti	padronanza di strutture sintattiche. Il testo prodotto è scorrevole e ben collegato. Sono ammessi 1-2 errori di concordanza in termini di uso poco frequente.
3 punti	4 punti	qualche imperfezione nell'assetto morfosintattico ma un buon uso di collegamenti interfrasali
3 - 2 punti	3 punti	una buona costruzione delle frasi e collegamenti sempre adeguati, anche se con ricorso frequente alle articolazioni coordinative rispetto alle subordinative
2 – 1 punti	2 punti	un eccessivo uso delle articolazioni coordinative rispetto alle subordinative e con errori di concordanza morfologica
1 punto	1 punto	errori nella costruzione delle frasi e errori di concordanza morfologica
PROVA 1	PROVA 2	

16

COMPETENZA SOCIOCULTURALE

Si attribuisce il punteggio di		ad un compito che presenta
3 punti	5 punti	espressioni sempre corrette, adeguate alla situazione e pertinenti ad un contesto aziendale
3 – 2 punti	4 punti	imperfezioni nell'uso di moduli espressivi che risultano tuttavia adeguati alla situazione e pertinenti ad un contesto aziendale
2 punti	3 punti	imperfezioni o inadeguatezze e pertinenza ad un contesto aziendale spesso disattesa
2 – 1 punti	2 punti	moduli espressivi talvolta inadeguati e scarsa pertinenza ad un contesto aziendale
1 punto	1 punto	moduli espressivi spesso inadeguati e nessuna pertinenza ad un contesto aziendale
PROVA 1	PROVA 2	

COERENZA

Si attribuisce il punteggio di		ad un compito che è svolto
4 punti	5 punti	totalmente ed è ben organizzato da un punto di vista logico
3 punti	4 punti	totalmente, anche se le varie parti non hanno uno sviluppo equilibrato. Il compito presenta un buon ordine logico
3 - 2 punti	3 punti	totalmente, anche se con qualche omissione (non rilevante ai fini della sua realizzazione). Il compito presenta un ordine logico appena sufficiente
2 – 1 punti	2 punti	solo in parte e/o che non è ben organizzato da un punto di vista logico
1 punto	1 punto	solo in parte e in cui si nota l'incapacità di trattare gli argomenti in modo approfondito e coerente
PROVA 1	PROVA 2	

PROVE DI PRODUZIONE ORALE

COMPETENZA LESSICALE

Si attribuisce il punteggio di	ad un candidato che si esprime utilizzando un lessico
5 punti	ricco e sempre adeguato alla situazione
4 punti	sempre adeguato, anche se con imperfezioni che non disturbano lo svolgersi della conversazione
3 punti	adeguato, anche se con qualche errore nell'utilizzo della terminologia specialistica
2 punti	spesso non adeguato
1 punto	limitato e inadeguato

APPROPRIATEZZA COMUNICATIVA

Si attribuisce il punteggio di	ad un candidato che si esprime
5 punti	in maniera adeguata alla situazione conducendo in gran parte la conversazione. La comunicazione è sempre efficace
4 punti	in maniera adeguata alla situazione ed efficace dal punto di vista comunicativo
3 punti	in maniera adeguata alla situazione anche se non è in grado di condurre la conversazione
2 punti	in maniera non adeguata alla situazione
1 punto	in maniera non adeguata alla situazione. Sono necessari interventi per aiutarlo a portare a termine il compito

COMPETENZA MORFOLOGICA E SINTATTICA

Si attribuisce il punteggio di	ad un candidato che si esprime
5 punti	in maniera corretta e producendo testi ben coesi
4 punti	in maniera corretta
3 punti	in maniera corretta anche se semplice e con modesto sviluppo strutturale
2 punti	in maniera talvolta non corretta
1 punto	in maniera non corretta

PRONUNCIA E INTONAZIONE

Si attribuisce il punteggio di	ad un candidato che si esprime
5 punti	con una buona pronuncia, con intonazione sempre adeguata, con ritmo buono
4 punti	con una buona pronuncia e con intonazione sempre adeguata; qualche esitazione o imperfezione può ostacolare il ritmo
3 punti	con una pronuncia che tradisce ancora la sua provenienza linguistica e con una intonazione adeguata; l'impaccio nel ritmo non rende mai difficoltoso l'ascolto
2 punti	con pronuncia o intonazione che richiedono ripetizioni o precisazione da parte dell'ascoltatore; l'inadeguatezza del ritmo rende difficoltoso l'ascolto
1 punto	con errori di pronuncia e di intonazione, con troppe esitazioni e con ritmo inaccettabile

18

COME PREPARARSI ALL'ESAME PER IL CONSEGUIMENTO DEL CIC - CERTIFICATO DI CONOSCENZA DELL'ITALIANO COMMERCIALE

Livello avanzato   A

A chi si rivolge il testo

Obiettivo primario del presente volume è quello di permettere al candidato di familiarizzare con le tipologie delle prove previste dall'esame CIC AVANZATO e di confrontarsi con generi testuali e compiti in esso contemplati.

Le attività proposte rappresentano uno strumento a sostegno della preparazione all'esame per chi è **già in possesso** di conoscenze linguistiche e competenze comunicative che gli /le permettono di interagire in ambiti aziendali ed organizzativi in riferimento a quanto previsto dal livello 4 dell'ALTE (vedi schema a pag. 11).

La ricchezza dei testi autentici proposti e le attività relative alle 4 abilità linguistiche di base fanno sì che questo volume si presti anche ad essere utilizzato come strumento didattico di sostegno in un corso di italiano commerciale ad un livello avanzato, prescindendo dalla preparazione specifica all'esame CIC.

La struttura del testo

Il volume si articola in 5 unità strutturate nel modo seguente:

Unità 1 – Unità 2 – Unità 3 – Unità 4

Ogni unità raccoglie **tutti** i compiti previsti dal CIC avanzato, senza però rispettarne la sequenza imposta dal regolamento d'esame. I compiti si susseguono alternando fasi di ascolto a fasi di lettura, interventi orali a produzione scritta, seguendo un'armonia dettata dagli argomenti trattati e rendendo più vivace e partecipativo lo svolgimento delle attività .

Le unità sono tematiche, ognuna riguarda un particolare argomento relativo ad ambiti aziendali:
Unità 1 – I rapporti interni all'azienda
Unità 2 – Il mercato internazionale
Unità 3 – Obblighi e opportunità
Unità 4 – Marketing e pubblicità

La struttura di queste unità permette a studenti ed insegnanti di ricavare interessanti spunti che, al di là dell'attività di esercitazione alla prova d'esame, rappresentano occasione di approfondimento e di discussione relativi alla cultura aziendale e al mondo del lavoro in Italia.

Unità 5

L'unità prevede una miscellanea di argomenti trattati ed è strutturata come una vera e propria prova dell'esame CIC rispettandone con precisione:
- la sequenza dei compiti
- il numero degli item
- la lunghezza dei testi

Si consiglia pertanto di affrontare questa unità conclusiva come una sperimentazione effettiva dell'esame CIC, svolgendola in un'unica soluzione nel rispetto dei tempi previsti dal regolamento d'esame (vedi pagine 12-13-14.) .

Come utilizzare il testo

I compiti contraddistinti dai seguenti simboli

 (ascolto)   (comprensione della lettura)  (grammatica e lessico)

vengono svolti individualmente.
Le risposte seguono criteri esclusivamente oggettivi e sono riportate a pag.133 (chiavi)
Questi compiti non necessitano dell'intervento di un insegnante in fase di correzione e di formulazione di un giudizio e pertanto si prestano anche ad una preparazione individuale.

I compiti contraddistinti dal seguente simbolo

 (produzione scritta)

vengono svolti individualmente e prevedono la correzione ed il relativo giudizio da parte di un insegnante. In fase di formulazione del giudizio si consiglia agli insegnanti di attenersi alla scala di competenze e punteggi prevista dal CIC avanzato (vedi pagina 15).

I compiti contraddistinti dal seguente simbolo

 (produzione orale – monologo)

vengono svolti individualmente di fronte alla classe e ad un insegnante che dovrà giudicare la prova. In fase di formulazione del giudizio si consiglia agli insegnanti di attenersi alla scala di competenze e punteggi prevista dal CIC avanzato (vedi pagina 17).

I compiti contraddistinti dal seguente simbolo

 (produzione orale – compito comunicativo)

vengono svolti in coppie (due studenti o uno studente e l'insegnante). In fase di formulazione del giudizio si consiglia agli insegnanti di attenersi alla scala di competenze e punteggi prevista dal CIC avanzato (vedi pagina 17).

Un'azienda è un sistema delicato di equilibri ed energie. E' un'organizzazione complessa fatta di persone che lavorano e, soprattutto, che convivono per gran parte della loro giornata in un assetto ordinato e prestabilito. Ma senza che tutto questo vada a reprimere l'individualità dei caratteri e l'iniziativa del singolo.

L'organizzazione interna diventa quindi uno degli aspetti fondamentali da affrontare in un'azienda. Le buone pratiche da seguire e le strategie da adottare sono costante oggetto di studio da parte di consulenti aziendali ed esperti in materia.

L'organizzazione aziendale

**I testi che seguono trattano alcuni aspetti importanti relativi all'organizzazione interna di un'azienda.
Leggi i testi e svolgi il compito richiesto.**

A. **Leggere** e comprendere

Leggere i tre testi.
Scrivere accanto alle informazioni 1-9, nell'apposito ☐, la lettera corrispondente al testo cui le informazioni
si riferiscono

Testo A

In un'azienda in cui vige una particolare attenzione nei confronti delle dinamiche relazionali (livello di
collaborazione, rapporti tra colleghi, etc.) si riesce ad ottenere un miglior risultato in termini di performance
sia a livello dei singoli che della struttura intesa nella sua globalità.
Il problema consiste, essenzialmente, nel riuscire ad analizzare il clima che contraddistingue un'azienda
(o un suo particolare dipartimento) in modo da individuare gli eventuali gaps che intralciano il percorso verso
livelli qualitativi apprezzabili della performance.
Un metodo interessante consiste nella realizzazione e somministrazione di un apposito questionario ai singoli
componenti dello staff, che deve avere per oggetto l'analisi del vissuto organizzativo: in altre parole deve
sondare l'analisi del clima relativo alle relazioni professionali ed umane vissuto quotidianamente in azienda.
Da un lato occorre quindi focalizzare l'attenzione su una visione globale a livello organizzativo dell'azienda

e, dall'altro lato, occorre sondare come ci si sente a livello di singoli nei vari uffici e dipartimenti.
Non devono mancare quesiti relativi ad una visione prospettica dell'attività per sondare cioè come vengono percepite le future possibilità di sviluppo della struttura.
Ogni singolo componente dello staff, vivendo quotidianamente l'azienda, dispone infatti di una importante e qualificata serie di informazioni e di dettagli utili sia all'analisi del contesto interno all'azienda che all'individuazione di soluzioni e di nuovi percorsi organizzativi e relazionali.
Per superare gaps che limitano le potenzialità occorre poi chiedersi quali siano i bisogni inespressi ed i desideri latenti e quali siano i percorsi non ancora intrapresi per sfruttare al meglio le potenzialità dello staff. Partendo da queste semplici domande si giunge all'individuazione di nuovi modelli organizzativi fatti su misura per ogni specificità aziendale.

Marco Mancinelli (04/04/2003) (adattato da www.aziendenews.it)

Testo B

Più volte si è parlato dell'indispensabilità dell'approccio progettuale in azienda.
Non c'è più posto (semmai ci sia stato) per iniziative di marketing, ad esempio, di tipo estemporaneo: chi detiene responsabilità in azienda deve redigere un apposito progetto per realizzare nuove attività dirette verso il mercato e di sostegno alla propria azienda.
Dopo un'attenta analisi rivolta a verificare punti di forza e debolezza, le opportunità ed i rischi che caratterizzano le attività aziendali e l'approccio dell'azienda stessa al mercato, va stabilito l' ambito aziendale nel quale c'è necessità di intervenire con una o più iniziative (di comunicazione o di fidelizzazione della clientela, ad esempio).
Il primo passo consiste nello stabilire chi, nell'organico, è coinvolto lavorativamente nel settore in cui si intende intervenire: ognuno dei soggetti implicati, una volta sottoposta la necessità di elaborare un progetto finalizzato, deve essere invitato a presentare una o più proposte progettuali, anche soltanto sotto forma di schema.
Il confronto tra le singole idee e proposte, che avverrà in un' apposita riunione, deve essere vissuto da tutti come un momento di arricchimento e di scambio di competenze: qui si passa alla fase del cosiddetto brainstorming, in cui si forma un vero e proprio team di analisi che, seppur coordinato da un responsabile, è in grado di apportare idee e di contribuire alla redazione di un progetto strutturato e mirato.
Questo è un salto di qualità che ancora va fatto in molte realtà aziendali, in quanto arricchisce l'approccio progettuale, favorisce lo spirito di squadra all'interno dell'azienda, consente di mirare più efficacemente le iniziative e le decisioni aziendali.
Allo stesso tempo il coinvolgimento dello staff aziendale risulta essere una buona occasione per rinsaldare il legame dell'azienda con il singolo dipendente che non può che avvertire un senso di gratificazione nell'essere coinvolto in decisioni di importanza strategica.

Marco Mancinelli (19/11/2002) (adattato da www.aziendenews.it)

Testo C

All'interno di un organigramma, rappresentazione grafica della struttura organizzativa di un'azienda, si ritrovano organi di *line*, a cui è affidata la responsabilità decisionale di tutta la struttura organizzativa e organi di staff, l'insieme delle persone che hanno funzione consultiva e di sostegno alle attività degli organi di *line*.
Si possono strutturare quindi tre diversi organigrammi:
L'organigramma orizzontale è considerato maggiormente democratico e utile per responsabilizzare tutti all'interno dell'azienda. Questo tipo di organizzazione è strutturata in modo tale che ogni reparto lavori e persegua i propri obiettivi quasi autonomamente, permettendo così all'interno della stessa impresa anche il perseguimento di più di un obiettivo ed evitando la fastidiosa creazione di gerarchie.

Tra l'altro è stato riscontrato che, attraverso la delega, si permette una buona ripartizione delle competenze creando così un efficace e snello scambio delle informazioni.

L'organigramma verticale si sviluppa dall'alto verso il basso creando un'alta forma di gerarchia. Solitamente, tale situazione si instaura nelle piccole e medie imprese, dove il leader è il proprietario che si ritrova all'apice dell' organigramma, mentre tutti gli altri si ritrovano in una posizione di quasi parità di importanza.

L'organigramma circolare attribuisce importanza ai rapporti di autorità, ponendo la Direzione Generale al centro di una serie di cerchi concentrici e permette scambi di competenza tra la Direzione Amministrativa e la Direzione Commerciale.

E' un buon mix tra l'organigramma orizzontale e l'organigramma verticale.

Roberta Guerini (23/11/2002) (adattato da www.aziendenews.it)

1. L'analisi è focalizzata sia sull'organizzazione generale dell'impresa che sulla qualità delle relazioni interpersonali ☐

2. Una procedura razionale deve individuare e successivamente coinvolgere a livello propositivo i dipendenti del dipartimento in cui si intende agire ☐

3. Nel disegno che lo rappresenta vi sono inserite le posizioni dei dipendenti nei vari livelli e nei loro ruoli specifici ☐

4. Raccogliere il parere di tutti i dipendenti contribuisce a focalizzare le problematiche e ad individuare migliori soluzioni ☐

5. I contributi e le idee degli altri devono essere percepiti come un'occasione di crescita ☐

6. Coinvolgere i dipendenti nei momenti decisionali di un'azienda accresce la loro motivazione ☐

7. E' un tipo di organizzazione che responsabilizza e permette di lavorare contemporaneamente in più direzioni ☐

8. Rappresenta un compromesso tra un tipo di organizzazione più verticista e una più collaborativa ☐

9. Le esigenze e le aspettative individuali, se comprese e utilizzate, possono portare ad un miglioramento dei risultati complessivi di un'azienda ☐

In Italia sono sempre di più le imprese che non improvvisano modelli organizzativi interni, ma che si rivolgono allo scopo a consulenti specializzati

26

Nell'intervista che segue ascolterai un consulente che dà alcuni consigli in materia di organizzazione aziendale.
Ascolta l'intervista e svolgi i compiti richiesti.

B. **Ascoltare** e comprendere

Ascoltare l'intervista (due volte).
Indicare con X la lettera A, B o C corrispondente all'affermazione corretta fra le tre proposte.

1. Un problema di natura organizzativa che si riscontra nelle Piccole - Medie Imprese italiane riguarda
   - ☐ A   il momento del passaggio gestionale di padre in figlio
   - ☐ B   una gestione accentrata nelle mani del titolare
   - ☐ C   l'eccessivo ricorso alla delega delle responsabilità

2. Una buona strategia per migliorare la competitività delle aziende italiane consiste
   - ☐ A   in una collaborazione proficua tra aziende ed istituzioni pubbliche
   - ☐ B   in un facile accesso per le imprese al credito bancario agevolato
   - ☐ C   in una buona politica di rispetto delle risorse ambientali e territoriali

3. Il consulente consiglia agli imprenditori
   - ☐ A   di focalizzare l'attenzione sulle cose importanti
   - ☐ B   di essere rapidi nel prendere le decisioni importanti
   - ☐ C   di delegare le decisioni importanti ad altri

4. Raccontando l'aneddoto finale il consulente vuole sottolineare
   - ☐ A   la maleducazione di alcuni imprenditori italiani che abbandonano l'ufficio durante un incontro di lavoro
   - ☐ B   l' ostinatezza di alcuni imprenditori italiani nel volersi occupare in prima persona di tutte le mansioni
   - ☐ C   il fatto che nella compagine delle PMI italiane buona parte degli imprenditori hanno origini operaie

Prima di prendere decisioni importanti sull'assetto organizzativo di un'impresa è buona prassi ascoltare il parere e le opinioni di tutto il personale coinvolto

Lavorando in un'azienda italiana, ti potresti trovare di fronte alla necessità di apportare il tuo contributo personale per il miglioramento dell'assetto organizzativo interno.
Scrivi una relazione di 200 – 250 parole in base a quanto ti è richiesto dal compito seguente.

C. Scrivere

Lavori da un paio d'anni in un'azienda italiana (settore a scelta) ricoprendo la funzione di Responsabile Marketing.
La direzione ha chiesto a tutti gli addetti di scrivere una relazione in cui individuare eventuali problemi riscontrati a livello organizzativo (problemi interpersonali, scarse pratiche di comunicazione, sovrapposizione di funzioni e responsabilità) e suggerire possibili soluzioni.

Tante sono oggi le iniziative per favorire l'incontro tra le aziende e i giovani lavoratori. Da una parte si cerca di favorire l'ingresso di giovani nel mondo del lavoro e dall'altra si offre la possibilità alle aziende di arricchire l'organigramma con figure competenti e preparate. Ma come reagiscono le imprese italiane di fronte a questa opportunità?

Leggi il testo seguente e svolgi il compito richiesto

D. **Leggere** e comprendere

Leggere il testo.
Indicare con X la lettera A, B, o C corrispondente all'affermazione corretta fra le tre proposte.

Lo stagista come risorsa per l'azienda

Le risorse umane sono, come più volte ho ripetuto, la colonna portante di un'azienda, grande o piccola che sia. Ma con il termine risorse umane solitamente si intende tutto il personale operativo all'interno di una unità produttiva tranne uno: lo stagista (italianizzando un termine straniero).

Come sempre sono ironica ed anche un poco provocatrice, ma, dopo tutto, questa è la mia funzione, quella cioè di far riflettere su problematiche concrete.

Sicuramente nessuno di voi ormai rimane più perplesso di fronte al termine stagista: tutti sanno che si tratta di un individuo, di sesso maschile o femminile, che, dopo un periodo di formazione (che può essere un corso regionale, l'università o la scuola superiore), cerca di concretizzare le proprie conoscenze attraverso un tirocinio in un'azienda o in un'istituzione. E' insomma una piccola cavia da laboratorio che viene inserita per la prima volta nella catena degli esperimenti ed alla quale, fidatevi, accadono di tutti i colori.

I problemi iniziano sin dal momento della ricerca dell'azienda che lo può ospitare: eh! sì, perchè pochi ancora hanno capito che lo stagista è una risorsa e non uno spreco di tempo. Così, spesso capita che il nostro piccolo stagista perda settimane intere nel cercare qualche anima gentile che gli permetta di lavorare, a titolo gratuito, presso la propria azienda.

Poi, una volta recuperata l'occasione lavorativa, il piccolo stagista si ritrova in un mondo che non gli appartiene. Dopo, infatti, avere passato mesi, se non anni, a studiare come fare determinate cose, nella migliore delle ipotesi nell'azienda del tirocinio le cose vengono fatte esattamente al contrario. Ma questo ancora sarebbe un buon insegnamento perchè, spesso, come ripetono le persone sagge, la vita si impara vivendola e non leggendola. Nel peggiore dei casi, il nostro stagista, dopo avere passato giornate studiando software e meccanismi di e-commerce ed e-business, viene piazzato per ore a fare fotocopie o ad imbustare lettere pubblicitarie. Certo, tutti devono fare la gavetta, ma quanta formazione sprecata, quanto valore per l'imprenditore gettato via senza che nemmeno lui se ne accorga!

E allora, dato che l'esperienza (anche personale) mi ha insegnato che gli imprenditori, soprattutto quelli delle piccole e medie imprese, sono spesso troppo occupati per porre attenzione ai particolari, vorrei tentare di stilare una sorta di vademecum per tutti coloro che hanno un'azienda e credono che una persona formata sia un valore aggiunto.

Inizio immediatamente con il dire che so perfettamente che le aziende, soprattutto quelle di piccole e medie dimensioni, hanno solitamente una mole di lavoro immensa, anche a causa di una organizzazione delle mansioni spesso non efficiente. Quindi, da questo deduco che non hanno intenzione di fare opere di beneficenza, che è un termine forse un po' forte per indicare l'atto di ospitare giovani alle prime armi. D'altro canto, girando la medaglia, si può notare che braccia e, soprattutto in questo caso, teste in più non potrebbero far altro che alleggerire il lavoro a tutti. Certo, un giovane fresco di studi probabilmente deve essere seguito e non ha l'indipendenza di un professionista con anni di esperienza… ma non ne ha nemmeno lo stipendio.

Quindi, riordinando le idee, uno stagista può diventare una risorsa fondamentale per un'azienda se e solo se questa è disposta a farlo diventare tale.

Vediamo velocemente come: in primo luogo, è opportuno scegliere persone che abbiano svolto studi attinenti alla nostra azienda. In altre parole, se produciamo bulloni e non abbiamo mai pensato che avere una pagina web di presentazione fosse interessante, oltre ad essere poco al passo con i tempi, non dovremmo comunque mai accettare un ragazzo che ha appena seguito un corso relativo all'e-commerce. Non è una banalità! Tanti, infatti, credono ancora che valga la vecchia filosofia del "tanto qualcosa da fare la recuperiamo". Usando questa logica rischierete di avere veramente un peso morto all'interno della vostra azienda; questo porterà il giovane tirocinante ad avere avuto un' esperienza inutile e voi ad essere traumatizzati dagli stagisti ed a non volere ripetere più l'esperienza.

Come avrete capito, personalmente non sono dell'idea che due braccia in più sono sempre utili (visione aziendale) e nemmeno che l'importante è iniziare (visione dello stagista). Certo, due braccia in più sono utili quando competenti, seppur senza esperienza e sicuramente è importante iniziare, ma in un settore almeno attinente alla nostra preparazione. Solo così potremo avere un vero successo.

Seconda importante osservazione: qualsiasi individuo che entra nell'azienda che dirigiamo (o che possediamo) entra a far parte di uno staff; conseguenza logica è che venga selezionato proprio come un vero assunto. In altre parole, lo stagista deve possedere tutte le caratteristiche che avremmo chiesto ad un normale dipendente, tranne l'esperienza. Ecco che allora quello che è un semplice tirocinante entra nella rete delle risorse umane, ha un ruolo all'interno del personale e potrebbe portare valore aggiunto all'azienda, grazie alle sue conoscenze ed alla sua voglia di rendersi utile.

E poi, chiaramente, ben vengano anche le fotocopie e le spedizioni di migliaia di lettere (sempre per la teoria che la gavetta non la salta nessuno… o quasi), ma affiancati a lavori di responsabilità. E chi lo sa, magari, al termine dello stage, quel ragazzino che sembrava solamente una scocciatura, può diventare veramente insostituibile all'interno dell'azienda. (…)

Roberta Guerini (26/10/2001)
(tratto da www.aziendenews.it)

29

1. L'autrice, all'inizio dell'articolo, dà la definizione del termine "stagista"

☐ **A**   affinché tutti capiscano di che cosa si appresta a parlare

☐ **B**   perché il termine non è entrato ufficialmente negli organigrammi

☐ **C**   nonostante sia convinta che ormai tutti lo conoscano bene

2. Con l'uso del termine "cavie da laboratorio" l'autrice intende

☐ **A**   usare una strategia retorica basata sull' ironia

☐ **B**   accusare apertamente chi sfrutta gli stagisti

☐ **C**   prendere in giro la categoria degli stagisti

3. Lo stagista ha difficoltà a trovare un'azienda che lo ospiti perché

☐ **A**   nessuno nelle aziende ha tempo di ascoltarlo

☐ **B**   le sue potenzialità non sono apprezzate

☐ **C**   il suo lavoro è svolto a titolo gratuito

4. L'esperienza dello stage può rivelarsi utile allo stagista per

☐ **A**   capire che spesso la teoria non corrisponde alla pratica

☐ **B**   approfondire gli studi e le letture fatte all'università

☐ **C**   sperimentare sul campo procedure studiate solo sui libri

5. Un approccio sbagliato nell'ospitare uno stagista è

☐ **A**   affidargli qualsiasi incarico anche non attinente alla sua area di formazione

☐ **B**   sottovalutarlo perché è una persona che non percepisce uno stipendio

☐ **C**   affidargli incarichi pesanti e ripetitivi per alleggerire il lavoro degli altri

6. Un approccio positivo è invece

☐ **A**   lasciar libero sfogo alla sua indole e alla sua personalità

☐ **B**   farlo seguire costantemente da personale esperto

☐ **C**   considerarlo una ricchezza umana e professionale per il gruppo

Rapporti interni all'azienda

I sistemi di qualità aziendale

I sistemi di qualità aziendale

I sistemi di qualità aziendale rappresentano uno strumento importante nella gestione aziendale. Sono molte le imprese italiane che oggi ricorrono alla certificazione del loro sistema, soprattutto per avere maggiore visibilità sul mercato.

**Il testo che segue spiega che cosa si intende precisamente per "Certificazione di un Sistema Qualità".
Leggi il testo e svolgi i compiti richiesti.**

E. **Leggere** e comprendere

Leggere attentamente il testo.
Completare il testo. Inserire negli spazi numerati la parte di testo mancante scegliendola tra quelle sottoelencate. Trascrivere in ogni spazio la lettera corrispondente alla parte scelta.
Una sola è la scelta possibile.

Cos'è la certificazione di qualità

In ogni azienda ci si pone il problema di aggiornare ed adeguare la cultura, le strategie, la conduzione in modo tale da competere nel mercato.

La concorrenza fa sì che l'impresa (1) _____ una volta conquistato, e l'unico modo per farlo è puntare sulla qualità sia del prodotto, sia del complesso aziendale.

Tanto più che di qualità il mercato sembra averne un sempre più sfrenato bisogno (2)_____ continue da parte di aziende che richiedono la certificazione.

La certificazione in Italia parte dalle norme ISO 9000.

Queste altro non sono che una serie di norme e regole che un'azienda che intenda certificarsi deve scrupolosamente seguire, (3) _____ , regole che fissano i criteri minimi che un sistema di qualità aziendale deve soddisfare per assicurare la conformità dei propri prodotti e servizi ai requisiti specificati .

Requisiti minimi, si diceva, (4) _____ prestazioni ben maggiori di quelle previste dalle normative ISO 9000.

La certificazione allora è un atto (5) _____ che, con ragionevole attendibilità, un determinato prodotto, processo o servizio è conforme ai requisiti di una specifica norma o di altro documento normativo.

Nel nostro caso quest'ultimo è rappresentato dalle regole ISO 9000 o, meglio, quella che più si addice alla realtà dell'impresa.

Quando (6) _____ , allora significa che essa ha adottato un sistema di qualità conforme alle norme ISO, lo ha formalizzato, lo ha reso esecutivo, e che successivamente un ente, o un'altra società indipendente accreditata (in Italia il Sincert) ha accertato (7) _____ e operativo al suo interno.

Esternamente la certificazione è vista soprattutto (8) _____ dei terzi che entrano in contatto con l'azienda che il bene o servizio prodotto sia di qualità, mentre internamente essa può comportare cambiamenti gestionali rilevanti.

Tutto ciò è reso ancor più rilevante (9) _____ si basa su azioni volontarie, in quanto non esiste nessun obbligo di ottenere tale atto.

E' il mercato che opera in modo tale (10) _____ per instaurare anche semplici relazioni commerciali, quali i rapporti di fornitura.

(tratto da www.univele.univelex.it)

A debba tenere ben stretto il cliente

B mediante il quale una terza parte indipendente dichiara

C dal fatto che la certificazione

D che non prevede la certificazione

E un' impresa ottiene la certificazione

F non solo prima ma anche dopo l'ottenimento di tale riconoscimento

G che effettivamente ciò che l'impresa sostiene è vero

H in quanto già oggi realtà europee richiedono

I che in molti casi avere una certificazione è presupposto essenziale

L come una sorta di garanzia nei confronti

M come dimostrano le statistiche italiane ed europee sulle richieste

N affinchè le procedure di certificazione

33

Un sistema di qualità aziendale coinvolge gli addetti di un'azienda a tutti i livelli.
Spesso il sistema viene percepito da molti come un aggravio di compiti
da svolgere e una complicazione delle procedure piuttosto che una loro
semplificazione e razionalizzazione.
Per questo motivo è consigliabile non imporre un sistema di qualità muovendo
da un approccio top-down, ma coinvolgere gli addetti a tutti i livelli nella fase
di elaborazione delle procedure.

Ascolterai di seguito il Responsabile dell'Assicurazione Qualità di una media azienda che nel corso di una riunione pianifica una procedura che riguarda il settore commerciale.
Ascolta il brano e svolgi il compito seguente.

F. **Ascoltare** e comprendere

Ascoltare il brano due volte.
Completare le note scritte da uno dei partecipanti alla riunione con le parole mancanti.

Procedura da pianificare a) ....

Il commerciale riceve un ordine dal cliente

→

1°

1° passaggio

b) ....

....

....

2°

2° passaggio
Il commerciale invia una richiesta alla produzione specificando

c) ....

....

....

d) ....

....

3°

e) ....

....

....

3° passaggio
La produzione riceve la richiesta del commerciale e

f) ....

....

....

....

4°

4° passaggio
La produzione restituisce al commerciale la richiesta con il benestare per la stesura del contratto. Il benestare è espresso attraverso

g) ....

....

....

Archiviazione dei documenti

Presso il commerciale

h) ....

i) ....

....

Presso l'amministrazione

l) ....

36

Qualità come cultura d'azienda... qualità che coinvolge tutti gli addetti.
Nell'esercizio che segue immagina di dover affrontare tu questi temi di fronte ad una platea
non troppo convinta dei vantaggi offerti da un sistema di qualità aziendale.

G. Parlare

Sei il nuovo direttore di una piccola impresa italiana (settore a scelta), che ancora non ha implementato
un sistema di qualità aziendale.
Convochi i titolari ed alcuni responsabili per illustrargli opportunità e vantaggi che si prospetterebbero
per l'azienda nell'ottenere la certificazione di qualità.
Prepara un monologo (5 minuti ca.) e esponilo di fronte ai compagni e all'insegnante.

Vediamo ora in concreto come si presenta una sezione di un manuale della qualità in lingua italiana.
Il testo che segue è tratto dal manuale della qualità di una azienda alimentare (settore caseario) e si riferisce ad un sistema di analisi finalizzato ad assicurare la salubrità di un alimento.

H. **Grammatica** e lessico

Completare il testo. Inserire la parola mancante negli spazi numerati. Usare una sola parola.

HACCP è l'acronimo della dizione inglese "Hazard Analysis Critical Control Point", che può essere
(1) _____ letteralmente come "Analisi del Pericolo e Punto di Controllo critico".

Nel 1993 la Commissione del Codex Alimentarius FAO / WHO (organizzazione mondiale della sanità dell'ONU) ha (2) _____ che il sistema HACCP

- identifica i pericoli specifici e le modalità preventive per tenerli sotto controllo, al fine di
  (3) _____ la sicurezza igienico-sanitaria dei prodotti alimentari in
  (4) _____ più efficace rispetto alle analisi sul prodotto finito;
- può essere applicato lungo tutta la filiera alimentare dal produttore primario al (5) _____
  finale, agevolando il (6) _____ delle autorità di controllo e favorendo il
  commercio internazionale;
- è compatibile con l'attuazione dei sistemi di gestione della qualità come (7) _____
  della serie ISO 9000, e costituisce nell'ambito di questi il criterio di scelta per la gestione della
  sicurezza igienico – sanitaria.

Anche le più recenti direttive CEE di settore tendono a responsabilizzare tutti i soggetti della filiera alimentare,
ciascuno per il (8) _____ ambito di attività specifica, nei
(9) _____ della tutela igienico – sanitaria del consumatore. A tal fine,
(10) _____ soggetto della filiera alimentare deve (11) _____ in
atto le più appropriate (12) _____ di autocontrollo come quelle (13) _____
sul sistema HACCP, e appropriati sistemi di gestione della qualità, come quelli di assicurazione qualità
regolamentati dalle norme della serie UNI EN ISO 9000.
L'applicazione dell'analisi HACCP, con la successiva attivazione di un sistema di gestione della qualità,
richiede alle aziende agro-alimentari un notevole (14) _____ organizzativo, soprattutto
se si (15) _____ riferimento a strutture piccole e medie. D'altra (16) _____,
la gestione della Qualità non deve essere intesa unicamente in termini difensivi (rispetto agli obblighi di legge
specifici ed alla più generale responsabilità oggettiva del produttore per danni (17)
_____ dal consumatore), (18) _____ come concreta opportunità
di sviluppo produttivo e commerciale.

Compiti e Mansioni

38

Rapporti interni all'azienda

Compiti e Mansioni

In un'azienda è buona prassi sapere "chi fa che cosa" al fine di favorire la comunicazione ed evitare sovrapposizioni di responsabilità.

Ascolterai di seguito 5 persone che ricoprono ruoli direzionali in un'azienda italiana e che, nel corso di una riunione, si presentano a dei nuovi colleghi.
Ognuno di loro illustrerà le specifiche mansioni contemplate nell'ambito della propria funzione.

I. **Ascoltare** e comprendere

Ascoltare i 5 monologhi due volte.
Svolgere due compiti:
1) abbinare alla persona che parla la sua funzione nell'azienda.
2) abbinare alla persona che parla l'informazione principale contenuta nel suo discorso.

Compito n. 1:
Scegliere dalla lista A-G la funzione aziendale che ogni persona ricopre e trascrivere la lettera corrispondente nell'apposito spazio.

Persona 1 _____   A. Responsabile della logistica in entrata
Persona 2 _____   B. Direttore amministrativo
Persona 3 _____   C. Responsabile di produzione
Persona 4 _____   D. Responsabile marketing
Persona 5 _____   E. Responsabile della logistica in uscita
                      F. Responsabile dei servizi generali
                      G. Responsabile del personale

Compito n. 2:
Scegliere dalla lista H-P un' informazione contenuta nelle affermazioni delle varie persone e trascrivere la lettera corrispondente nell'apposito spazio

Persona 1 _____   H. un miglioramento della qualità ha comportato minori reclami
Persona 2 _____   I. dovranno aumentare il personale
Persona 3 _____   L. la buona campagna promozionale ha ovviato alla forte
                         concorrenza
Persona 4 _____   M. è urgente ampliare i magazzini
Persona 5 _____   N. l'introduzione di nuovi macchinari comporta
                         cambiamenti in azienda a livello organizzativo
                      O. devono parlare con lui se ci sono problemi nel settore
                         o se hanno un' idea
                      P. ci sono dati statistici sul miglioramento della qualità

Ancora oggi le posizioni ricoperte ad alti livelli della gerarchia aziendale non sono distribuite in modo equo tra uomini e donne

40

Il grafico che segue dà un resoconto statistico a livello europeo della distribuzione delle cariche dirigenziali tra uomini e donne.
Osserva il grafico e svolgi il compito richiesto.

L. **Scrivere**

Descrivere e commentare il grafico in una relazione di 100 parole ca.

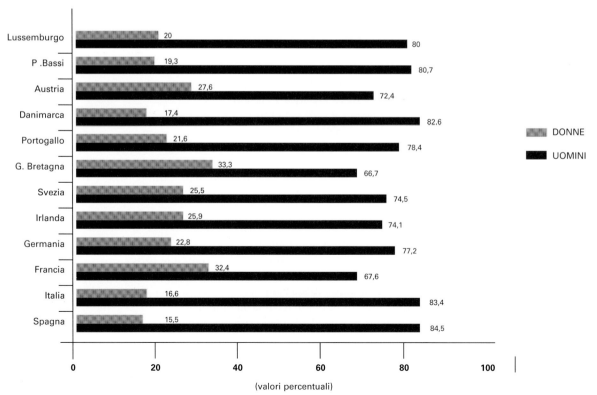

	DONNE	UOMINI
Lussemburgo	20	80
P.Bassi	19,3	80,7
Austria	27,6	72,4
Danimarca	17,4	82,6
Portogallo	21,6	78,4
G. Bretagna	33,3	66,7
Svezia	25,5	74,5
Irlanda	25,9	74,1
Germania	22,8	77,2
Francia	32,4	67,6
Italia	16,6	83,4
Spagna	15,5	84,5

(valori percentuali)

(tratto da www.italiadonna.it - fonte Eurostat)

I problemi organizzativi di un'azienda si rispecchiano nel comportamento degli addetti. Stanchezza, insoddisfazione e scarsa gratificazione sono ingredienti che rovinano la ricetta del quieto convivere e spesso provocano un calo nelle performances.
Per affrontare i problemi tra colleghi è opportuno saper moderare i toni e cercare soluzioni di compromesso per il bene proprio ed il bene dell'azienda.

41

Il compito che segue ti pone di fronte ad una delicata situazione che potrebbe capitare anche a te.

M. Parlare

Lavori da tempo per una piccola azienda in qualità di responsabile dell'amministrazione.
Negli ultimi tempi la mole di lavoro, congiuntamente alle responsabilità, è notevolmente aumentata in seguito ad una serie di eventi:
- apertura ai mercati esteri
- diversificazione della produzione.
Ti rechi allora dal responsabile del personale per esternare questo problema e negoziare una soluzione (aumento di stipendio, assunzione di nuovo personale per il reparto amministrativo, etc.)

Lavora con l'insegnante o un compagno e insieme simulate l'incontro.

N. **Grammatica** e lessico

Completare il testo. Inserire negli spazi numerati la parte di testo mancante scegliendola tra le quattro proposte. Trascrivere in ogni spazio la lettera corrispondente alla forma scelta.
Una sola è la scelta possibile. Il numero (0) è l'esempio.

MANSIONI E QUALIFICHE

42
Nella lettera di assunzione dovrebbe essere sempre indicata la qualifica del lavoratore, il livello contrattuale con il quale viene assunto e le mansioni che andrà a ...A... (0).

In base all'art. 2103 del Codice Civile _____ (1) nel nostro paese, il lavoratore ha diritto ad essere adibito alle mansioni per le quali è stato assunto, _____ (2) i compiti che sono stati _____ (3) in fase di assunzione.

Non è così _____ (4), tuttavia, che proprio l'indicazione _____ (5) delle mansioni sia più o meno volutamente _____ (6) dalla lettera di assunzione e che il _____ (7) si ritrovi dopo poco a svolgere funzioni anche molto diverse da quelle concordate.

Occorre sapere che il datore di lavoro ha potere direttivo _____ (8) la struttura dell'organizzazione aziendale e può quindi, in base alla legge, decidere di assegnare ad un dipendente compiti diversi durante la durata di un rapporto lavorativo: questo potere è però _____ (9) al fatto che le nuove mansioni siano di pari livello delle precedenti.

Questo significa che se un lavoratore viene _____ (10) a mansioni superiori ha diritto ad un trattamento economico corrispondente all'attività svolta e ha anche il diritto di intraprendere un'azione giudiziaria _____ (11) questo diritto non gli venga riconosciuto.

La legge definisce per "mansioni" quelle attività svolte effettivamente all'interno dell'azienda in modo continuativo e stabile.

L'unica _____ (12) a questa regola si dà nel caso _____ (13) il dipendente che vada a ricoprire nuove e superiori mansioni _____ (14) sostituendo un lavoratore assente con diritto alla conservazione del posto (malattia, militare, maternità, ecc.): in quel caso, al rientro del legittimo possessore della posizione, _____ (15) rientrerà nella sua funzione o in altra equivalente senza altri diritti.

(tratto da www.secondamano.it)

0	A	**svolgere**	B	volgere	C	fare	D	preparare
1	A	in predicato	B	in auge	C	in effetto	D	in vigore
2	A	oppure	B	ovvero	C	effettivamente	D	quindi
3	A	concordati	B	accordati	C	segnati	D	confermati
4	A	desueto	B	alieno	C	inconsueto	D	abnorme
5	A	esplicita	B	illuminante	C	esplicata	D	evidente
6	A	annullata	B	omessa	C	negletta	D	innominata
7	A	contribuente	B	dipendente	C	utente	D	cliente
8	A	a proposito	B	secondo	C	intorno	D	circa
9	A	dato	B	circostanziato	C	vincolato	D	allegato
10	A	adibito	B	mirato	C	proposto	D	selezionato
11	A	mentre	B	per caso	C	allora	D	qualora
12	A	eccezione	B	anomalia	C	singolarità	D	unicità
13	A	al quale	B	quale	C	per cui	D	in cui
14	A	starebbe	B	stia	C	starà	D	sta
15	A	esso	B	egli	C	quello	D	colui

Il mercato internazionale

UNITÀ 2

I prodotti Made in Italy nel mondo - Aprire nuovi mercati all'estero

I prodotti Made in Italy nel mondo

Il Made in Italy rappresenta da sempre sinonimo di qualità, cura nella lavorazione, gusto e tradizione. Per questo i prodotti italiani sono così ricercati nel mercato internazionale

Il testo che segue illustra una strategia di marketing alternativa per commercializzare all'estero i prodotti italiani.
Leggi il testo e svolgi il compito richiesto

A. **Leggere** e comprendere

Leggere il testo.
Indicare con X la lettera A, B, o C corrispondente all'affermazione corretta fra le tre proposte.

Le Italian Communities: un target estero per il *food & beverage* Made in Italy

La ricerca mirata di targets, cioè di specifici segmenti di mercato verso i quali veicolare la propria offerta commerciale in modo adeguato ed innovativo, è la sfida più importante con la quale deve confrontarsi qualsiasi azienda, indipendentemente dalla categoria merceologica alla quale la sua *range* di prodotti appartiene. In particolare, l'impegno si fa ulteriormente più complesso quando l'azienda intende rivolgere la sua attenzione ed i suoi sforzi promozionali verso i mercati internazionali.
E' chiaro che targets importanti sono, ovviamente, i grossisti, gli importatori, la grande distribuzione organizzata, le trading companies ed altre tipologie di operatori. Ma, in relazione a determinati prodotti, a volte, l'azienda può ritagliarsi degli interessanti spazi d'azione, indirizzando la propria offerta verso targets che sono certamente conosciuti, ma non considerati pienamente nella loro potenzialità: le Italian Communities presenti all'estero (particolarmente numerose in diversi Paesi dell'America Latina, per esempio).
Le suddette comunità sono composte da nostri connazionali che, in prevalenza, pur vivendo fuori (e da molto tempo) dai confini italiani, mantengono un forte legame con la propria terra di origine, con le nostre tradizioni

e con la nostra storia. Si tratta di cittadini (e di consumatori) ancora legati ai prodotti provenienti dal settore forse di maggior spicco del Made in Italy: il settore alimentare (*food & beverage*). Per quanto riguarda il settore alimentare, infatti, le comunità italiane all'estero denotano una pronunciata predisposizione verso i prodotti di qualità d.o.c., appartenenti alla migliore tradizione gastronomica e vitivinicola del nostro Paese. Prova tangibile è la presenza di ristoranti italiani (ma anche di negozi specializzati in prodotti alimentari provenienti dalle nostre regioni) nelle aree a più forte densità di famiglie di origine italiana.

Un percorso promozionale, innovativo ed interessante, per un'impresa del settore alimentare (pensiamo, ad esempio, ad un produttore di vini o di formaggi d.o.c.), può essere quello di effettuare una ricerca preliminare sulle aree metropolitane estere dove la presenza italiana è significativamente elevata (Buenos Aires, New York, Londra, etc.). Individuate le città, poi, occorre individuare le associazioni presso le quali la comunità italiana si incontra e, conseguentemente, veicolare verso queste ultime la propria offerta (naturalmente, senza sfuggire alle regole basilari del marketing e della comunicazione). Sempre nelle stesse aree, l'impresa potrebbe individuare degli operatori commerciali ai quali affidare l'incarico per la promozione e per la distribuzione dei propri prodotti.

Chiaramente, potrebbe rivolgersi anche al canale della ristorazione italiana presente in loco, del quale canale potrebbe diventare un'azienda fornitrice privilegiata.

La comunità italiana all'estero non è soltanto un target, nel senso che potenzialmente può recepire favorevolmente l'offerta di determinati prodotti alimentari d.o.c.: essendo inserita in un contesto sociale che va oltre la dimensione dell'italianità, può diventare a sua volta un canale promozionale per i prodotti italiani verso il mercato circostante (gli altri targets, ovviamente non italiani), contribuendo (direttamente o indirettamente) a porre all'attenzione delle altre categorie di consumatori i prodotti nostrani.

L'azienda può (e deve) realizzare le proprie azioni di marketing internazionale con un approccio progettuale innovativo e, perché no, anche creativo dal punto di vista concettuale: entrano in gioco considerazioni legate alla composizione dei gruppi sociali, delle culture presenti, degli stili di vita.

L'esempio del target italiano residente all'estero vuole essere uno spunto di riflessione.

E' uno dei tanti modi per iniziare a guardare oltre, cercando nuove strade da percorrere.

All'italiana (ma nel senso buono del termine).

Marco Mancinelli (23/03/2001) (tratto da www.aziendenews.it)

1. **I componenti delle comunità italiane all'estero**

☐ A svolgono come attività primaria la gestione di ristoranti

☐ B propendono al consumo di prodotti alimentari italiani di qualità

☐ C importano prodotti alimentari tramite i parenti residenti in Italia

2. **Una delle strategie consigliate ai produttori alimentari italiani per penetrare in questa nuova fetta di mercato consiste**

☐ A nell'associarsi con gli operatori commerciali locali

☐ B nel vendere i prodotti direttamente ai ristoranti in loco

☐ C nell'individuare le aree dove i prodotti italiani non sono conosciuti

3. **Un effetto moltiplicatore di questa strategia di marketing è dato dalla potenzialità delle comunità italiane**

☐ A di esportare a loro volta i prodotti italiani in altri paesi esteri

☐ B di offrire ai produttori italiani più canali di distribuzione (rivenditori e ristoranti)

☐ C di veicolare la diffusione dei prodotti italiani nel paese dove risiedono

4. **La strategia di marketing proposta in questo articolo può rivelarsi vincente perché**

☐ A poggia su studi sociologici

☐ B si basa su un concetto innovativo

☐ C nasce dall'idea di un consulente italiano

Anche i prodotti Made in Italy seguono l'andamento dei mercati e risentono della situazione economica internazionale

L'articolo che segue illustra l'andamento delle vendite delle macchine tessili italiane in questi ultimi anni.
Leggi il testo e svolgi il compito richiesto

B. **Leggere** e comprendere

Completare il testo. Inserire negli spazi numerati la parte di testo mancante scegliendola tra quelle sottoelencate. Trascrivere in ogni spazio la lettera corrispondente alla parte scelta.
Una sola è la scelta possibile.

Segnali di ripresa per le macchine tessili: è ciò che rileva ACI – MIT, l'associazione di categoria, nel presentare la sua indagine congiunturale relativa alla prima metà del 2002.

Dopo (1) _____ nella seconda metà del 2001, infatti, la raccolta ordini ha cominciato a risalire la china.

L'indice degli ordini fa segnare un progresso del 21% rispetto allo stesso periodo del 2001.

Ancora una volta (2) _____ sono i mercati esteri , dove la raccolta ordini nel periodo gennaio – giugno 2002 ha superato del 38% quella realizzata nel primo semestre 2001.

Sul mercato interno, invece, l'indice degli ordini non ha raggiunto ancora il livello riscontrato l'anno passato,

(3) _____ che continua ad interessare i settori a valle.

"L'industria italiana delle macchine tessili inizia a riprendere fiato – conferma Alberto Maria Sacchi, Presidente di ACI-MIT – dopo alcuni mesi (4) _____ sull'attività produttiva del settore. Il carnet ordini delle imprese in termini di tempo è tornato nella media, circa 4 mesi, (5) _____ di fine 2001 al 79% del primo semestre 2002".

La positiva raccolta ordini sui mercati esteri non sorprende gli addetti al settore e sembra confermare

(6) _____ che l'apprezzamento riservato dai clienti esteri alle macchine tessili prodotte in Italia.

"Le note positive che scaturiscono dall'indagine congiunturale, però, (7) _____. La situazione congiunturale che sta attraversando il settore - aggiunge Sacchi – rimane, dunque, incerta.

Le stesse imprese nutrono poca fiducia (8) _____ possa riservare ulteriori progressi

(9) _____. Come dare loro torto se ci fermiamo ad osservare l'attuale quadro economico internazionale?"

(tratto da "Innovare" n. 4 - 2002)

A   in cui il calo degli ordini ha pesato fortemente
B   aver toccato il punto di minimo
C   senza sottovalutare l'impatto
D   mentre l'utilizzo degli impianti è salito dal 75% della capacità totale
E   che prevede un ulteriore aumento di
F   a sostenere la crescita
G   nell'acquisizione di ordini
H   sia la tradizionale vocazione all'export del meccanotessile italiano
I   in merito alla possibilità che la seconda parte dell'anno
L   non riguardano in egual misura tutti i comparti
M   a causa della difficile situazione congiunturale

Due grandi aziende italiane conosciute in tutto il mondo: "Giovanni Rana" noto anche come "il re dei tortellini" e "Piaggio" l'azienda che produce la mitica Vespa, la motocicletta che evoca i piaceri della dolce vita e le atmosfere delle vacanze romane.

50

Di seguito sono illustrati i grafici relativi all'andamento del fatturato e al numero dei dipendenti del Gruppo Rana e della Piaggio negli ultimi 3 anni.

Osserva i grafici e svolgi il compito seguente.

C. Scrivere

Descrivere e commentare i due grafici in una relazione di 100 parole ca.

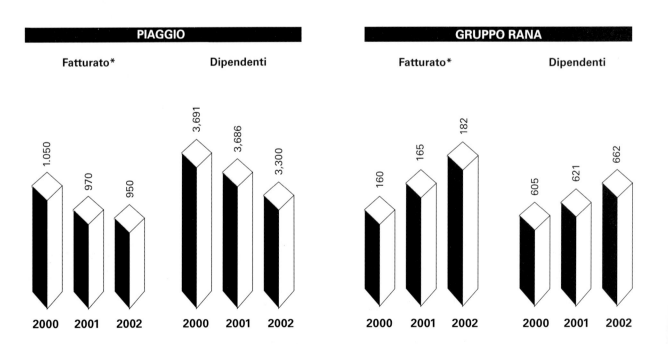

PIAGGIO		GRUPPO RANA	
Fatturato*	Dipendenti	Fatturato*	Dipendenti

PIAGGIO – Fatturato*: 2000: 1.050 — 2001: 970 — 2002: 950
PIAGGIO – Dipendenti: 2000: 3.691 — 2001: 3.686 — 2002: 3.300
GRUPPO RANA – Fatturato*: 2000: 160 — 2001: 165 — 2002: 182
GRUPPO RANA – Dipendenti: 2000: 605 — 2001: 621 — 2002: 662

* in milioni di euro

(fonte "Gente Money", luglio 2003)

Diffidate dalle imitazioni! Non tutti i prodotti Made in Italy sono infatti originali. In questi ultimi tempi il problema della concorrenza sleale ha assunto dimensioni molto elevate, tanto che le aziende italiane si stanno muovendo per chiedere alle istituzioni maggiore tutela.

Il testo che segue riporta una dichiarazione rilasciata dal Presidente di "CONFEDORAFI", l'Associazione che riunisce le aziende italiane che producono manufatti in oro e argento.

Leggi il testo e svolgi il compito richiesto.

D. **Grammatica** e lessico

Completare il testo. Inserire negli spazi numerati la forma opportuna scegliendola fra le quattro proposte. Trascrivere in ogni spazio la lettera corrispondente alla forma scelta. Una sola è la scelta possibile.

Roma, 19 settembre 2003 – Un provvedimento che assicuri ai gioielli Made in Italy una maggiore tutela sui mercati internazionali: questa la richiesta avanzata dalla Confedorafi nel corso dell'audizione davanti alla Commissione Attività Produttive della Camera, svoltasi ieri a Montecitorio.
"L'imitazione servile dei nostri modelli e la **(1)**_____ dei marchi italiani – afferma il Presidente Vincenzo Giannotti– sono fenomeni che danneggiano notevolmente le nostre esportazioni e nuocciono al buon nome del prodotto orafo-argentiero Made in Italy.
Non **(2)**_____ competere a livello di prezzi, perché penalizzati sia da un più alto costo della manodopera, sia da dazi doganali più elevati, con i nostri principali concorrenti (Cina, Thailandia, India, Turchia), dobbiamo tutelare lo stile e la qualità della gioielleria ed argenteria italiana **(3)**_____ vogliamo conservare le attuali quote di mercato e la leadership mondiale del nostro Paese in questo specifico settore."

"Le imprese hanno fatto e stanno facendo la loro **(4)**_____, così come le organizzazioni di categoria, ma senza un forte impegno dello Stato è davvero difficile proteggersi da fenomeni di concorrenza **(5)**_____ meno sleale: per questo abbiamo chiesto un provvedimento **(6)**_____ assicuri ai nostri prodotti una maggiore tutela sui mercati internazionali e garantisca anche i fondi necessari per eventuali azioni a difesa del Made in Italy.

"Quest'ulteriore iniziativa – precisa Giannotti – si **(7)**_____ in un più ampio programma di azioni della struttura confederale **(8)**_____ aiutare le imprese in un momento difficile come l'attuale".
"La contingenza economica internazionale non è certo favorevole – conclude il Presidente della Confedorafi – ed è indispensabile supportare le aziende, sia chiedendo allo Stato provvedimenti normativi, sia con iniziative promozionali. (…)
"L'impegno, a sostegno del **(9)**_____, della Confedorafi, e di tutte le organizzazioni che la compongono, è a 360 gradi. Siamo certi che questo nostro sforzo troverà, in Parlamento e nel Governo, degli interlocutori attenti e disponibili".

(tratto da www.goldenitaly.com)

1	A	contraffazione	B	falsità	C	finzione	D	simulazione
2	A	potere	B	potendo	C	potemmo	D	possono
3	A	quando	B	perché	C	affinché	D	se
4	A	partita	B	parte	C	quota	D	fetta
5	A	che	B	quanto	C	sebbene	D	se
6	A	quella	B	quanto	C	quando	D	che
7	A	incarna	B	intromette	C	inquadra	D	insedia
8	A	di	B	per	C	da	D	ad
9	A	reparto	B	dipartimento	C	compartimento	D	comparto

52

Aprire nuovi mercati all'estero

Aprire nuovi mercati all'estero... creare partenariati con aziende straniere... internazionalizzare la produzione... Sono tante le insidie che si presentano per gli operatori italiani.

Nell'intervista che segue ascolterai i consigli di un consulente aziendale che da anni aiuta le imprese italiane a penetrare nei mercati internazionali.

Ascolta l'intervista e svolgi il compito richiesto.

E. **Ascoltare** e comprendere

Ascoltare l'intervista due volte.
Indicare con X la lettera A, B o C corrispondente all'affermazione corretta fra le tre proposte.

1. Secondo il Dottor Rogetti molte aziende italiane
    - ☐ A   attribuiscono al termine "internazionalizzazione" un significato riduttivo
    - ☐ B   non hanno la cultura sufficiente per comprendere il termine "internazionalizzazione"
    - ☐ C   preferiscono esportare i prodotti all'estero piuttosto che delocalizzare la produzione

2. I mercati esteri dove si spingono le aziende italiane
    - ☐ A   sono selezionati in base al tipo di attività che si vuole svolgere all'estero
    - ☐ B   sono individuati in base al PIL e alla ricchezza media pro capite
    - ☐ C   sono tutti i paesi dove c'è una buona disponibilità di manodopera

3. Per le aziende italiane il vantaggio nel costituire Joint Venture è dato
    - ☐ A   dalla possibilità di vendere bene il proprio know how e la propria tecnologia
    - ☐ B   dalle facilitazioni offerte per creare insediamenti produttivi nei territori locali
    - ☐ C   dalla funzione mediatrice tra azienda italiana e territorio svolta dal partner locale

4. Con l'allargamento dell'Unione Europea
    - ☐ A   le aziende italiane potranno iniziare a produrre anche nei paesi dell'Est
    - ☐ B   i paesi dell'Est diventeranno un proficuo mercato per i prodotti italiani
    - ☐ C   anche nei paesi dell'Est si imporrà il modello sociale del consumismo

Le trasformazioni politiche e sociali che coinvolgono oggi molti paesi hanno pesanti ripercussioni sulla situazione del mercato internazionale.

I testi che seguono focalizzano l'attenzione sui rapporti commerciali tra Italia e Cina.
Leggi i testi e svolgi il compito richiesto.

F. **Leggere** e comprendere

Leggere i tre testi.
Scrivere accanto alle informazioni 1-9, nell'apposito ☐, la lettera corrispondente al testo cui le informazioni si riferiscono

TESTO A

Esistono diverse ragioni per considerare gli investimenti sul mercato cinese particolarmente redditizi nel medio termine: l'economia cinese gode oggi di "fondamentali" particolarmente solidi, di un mercato del lavoro favorevole alle imprese, di una finanza pubblica sana e di un risparmio crescente da parte delle famiglie.

Nelle grandi megalopoli, come Shanghai o Pechino, sta nascendo una nuova classe sociale, la cui caratteristica principale è quella di avere soldi da spendere, cosa che induce ad acquistare negli enormi centri commerciali stile occidentale tutti quei prodotti non proprio di primaria necessità, che fanno tendenza. E qui entra in gioco il Made in Italy: i settori che ci riguardano, a fronte della grande passione cinese per l'"italian-way-of-living", sono molteplici. Ad esempio è in voga ritrovarsi nei winebar metropolitani e degustare Chianti classico o Barolo.

In ogni caso, anche se i rapporti italiani con Pechino sono buoni, questi possono e devono essere migliorati. Dobbiamo scommettere su questo grande mercato, soprattutto dopo il suo ingresso nel Wto e gli accordi che ne hanno fatto seguito. Sono proprio le piccole e medie imprese italiane a scommettere sulla Cina, ma l'interesse è reciproco e la Cina in transizione vuole ispirarsi al modello del distretto industriale italiano. Ultimamente la diplomazia italiana ha affrontato con la delegazione cinese i nodi economici più spinosi sul tappeto, fra cui la necessità di una totale tutela da parte di Pechino dei diritti di proprietà intellettuale, per la quale l'Italia si è battuta presso le maggiori istituzioni internazionali. Per favorire l'export ed attrarre nuovi investimenti Pechino dovrà quindi imporre il diritto di proprietà intellettuale. La Cina è infatti il maggior Paese consumatore, il maggior produttore, ma anche il più grande contraffattore.

(adattato da "Esportare in Cina ed Estremo Oriente" 2001 – Webimprese.com")

TESTO B

Il trattato Cepa è un accordo che prevede la riduzione dei dazi delle esportazioni da Hong Kong verso la Cina e un sistema di consultazione economica permanente per promuovere l'integrazione delle economie dei due paesi. L'accordo potrebbe interessare numerosi settori e aziende italiane del Made in Italy, anche se occorre attendere che in ottobre escano nuove norme per l'attribuzione di origine delle merci.

Per avvalersi delle agevolazioni doganali previste dall'accordo, le aziende italiane dovrebbero localizzare a Hong Kong i prodotti ed ecco l'importanza delle nuove norme di origine. Oggi, infatti, "Le catene del valore aggiunto", che caratterizzano i singoli prodotti, sono diventate incredibilmente mobili sotto il profilo geografico: ci sono aziende che importano materie prime e componenti dall'estero, Italia compresa, effettuano lavorazioni a maggior intensità di manodopera in Cina, poi finiscono i prodotti a Hong Kong e li riesportano sul continente. Questa è solo una delle soluzioni possibili. In questo contesto l'accordo rilancia gli interessi degli operatori esteri, italiani inclusi, per accordi produttivi o di joint – venture, cessioni di licenze o acquisizioni a Hong Kong. Grazie a questo accordo Hong Kong diviene un luogo dove localizzarsi per agire sul mercato cinese al pari di altre città cinesi, ma con i vantaggi della disponibilità dei servizi finanziari, logistici e soprattutto di un contesto normativo e legale decisamente più provato ed efficace di quello cinese. La liberalizzazione dei servizi, altro aspetto previsto dall'accordo, dà spazio alle società sia nell'attività all'ingrosso che al dettaglio e apre per le imprese italiane registrate a Hong Kong opportunità interessanti. Un altro settore, che grazie agli accordi Cepa inizia ad attivarsi per verificare i nuovi spazi operativi che si sono aperti, è quello del trasporto e della logistica, ma anche degli studi legali, delle società di consulenza e dei servizi in genere.

(adattato da "Il futuro di Hong Kong..." China–Italy Trade.net 2003)

55

TESTO C

Le imprese cinesi guardano all'Italia perché vogliono esportare e gli imprenditori cinesi stanno avanzando a rapidi passi in modernità ed efficienza, tanto che ormai sono in grado di offrire un prodotto di buona qualità e di buon prezzo.

Le aziende italiane, invece, devono recuperare un ritardo notevole, togliersi dalla testa gli stereotipi, capire che la Cina cambia velocemente e lasciarsi alle spalle il timore di essere spossessati del proprio vantaggio tecnologico. La Cina ha ormai quasi tutto e non ci si può andare a vendere collanine. In Cina si stanno liberando energie per molti anni compresse e il risultato è l'emersione di una classe di nuovi ricchi e il grande terremoto toccherà l'economia come la cultura. Per lavorare in Cina sarà dunque in futuro sempre più necessaria la mediazione linguistica e culturale: molti manager italiani divengono sempre più coscienti della necessità di comprendere la cultura dei colleghi orientali, se non si conoscono le regole base di comportamento, infatti, si rischia di fare gaffe che possono risultare fatali per affari importanti. Conquistare un rapporto equilibrato con un partner cinese non è facile, ma irrinunciabile e sul fronte dell'interscambio e su quello degli investimenti i professionisti italiani che abbiano le competenze per affrontare un mercato fra i più difficili non sono molti. Spesso l'imprenditore italiano ha la tentazione di trascurare le risorse umane: le conoscenze, la capacità di individuare partner affidabili, la possibilità di mediare e di stringere accordi solidi, non sono cose che si possono improvvisare e l'imprenditore italiano medio e piccolo non deve cadere nell'improvvisazione.

(adattato da Guido Vitale "La Cina è vicina..." Gente Money aprile 2003)

1 Oggi il margine di guadagno può aumentare usufruendo delle possibilità di diversificare il luogo di produzione nelle singole fasi	
2 Oggi la produzione cinese per l'esportazione ha raggiunto un buon rapporto qualità-prezzo.	
3 Alcuni requisiti base permettono di considerare oggi il mercato cinese come sicuro e conveniente	
4 La crescita del potere di acquisto della nuova classe ricca cinese apre nuovi spazi ai beni di lusso italiani	
5 Le imprese occidentali beneficiano di diverse tipologie di contratti aziendali incluse nell'accordo	
6 La Cina dovrà scendere a compromessi e impedire la falsificazione dei prodotti di origine italiana	
7 Gli imprenditori italiani che investono in Cina devono compiere un salto culturale importante e vincere pregiudizi e paure	
8 Anche per altri servizi necessari e collegati alle imprese si stanno aprendo nuove opportunità molto interessanti	
9 In Italia si avverte la necessità di ampliare il numero di operatori professionali in grado di garantire ad un'impresa italiana un avvio di attività in Cina serio e competente	

Per le aziende italiane che lavorano nel mercato internazionale, numerose sono le agevolazioni offerte sia nell'ambito della legislazione nazionale che comunitaria.
L'informazione è fondamentale, perché troppe sono ancora oggi le aziende che improvvisano strategie di internazionalizzazione senza un solido progetto di base e senza conoscere le opportunità.

56

Il dialogo che ascolterai illustra un approccio positivo per un progetto di internazionalizzazione di un'azienda italiana.
Ascolta il dialogo e svolgi il compito richiesto.

G. **Ascoltare** e comprendere

Il direttore alle vendite di una media azienda italiana ha ricevuto l'incarico dal titolare di elaborare un piano per internazionalizzare l'azienda.
Come primo passo il direttore si reca da un consulente aziendale per farsi illustrare quali agevolazioni sono concesse alle aziende italiane che intendono penetrare nei mercati esteri.

Completare le note scritte dal direttore vendite con le parole mancanti.

"Programma comunitario JEV (Joint European Venture)"
Oggetto delle agevolazioni   a) ....
Condizione n. 1   b) ....
Condizione n. 2   c) ....

"Legge Ossola"
Beneficiari diretti delle agevolazioni   d) ....
Agevolazione concessa   e) ....

"L. 100/90"
Oggetto delle agevolazioni   f) ....
Condizione   g) ....

"L. 143/98"
Oggetto delle agevolazioni   I)   h) ....
                    II)   i) ....

"L. 212/92"
Oggetto delle agevolazioni   l) ....

E ora immagina di doverti occupare tu di nuove strategie nell'ambito dei mercati internazionali svolgendo, a scelta, uno dei due compiti seguenti.

H. Parlare

Sei il nuovo responsabile acquisti di una piccola impresa italiana (settore a scelta).
Fino a questo momento l'azienda si è servita esclusivamente presso fornitori italiani.
La direzione ti chiede di effettuare un'analisi per valutare o meno l'opportunità di aprire un nuovo mercato di approvvigionamento nel tuo Paese d'origine.
Illustra alla direzione l'analisi effettuata, cercando di toccare tutti i punti fondamentali (es. materie prime, manodopera , trasporti , etc.) ed evidenziando i potenziali vantaggi o gli svantaggi riscontrati.

Lavori da poco tempo in un'azienda italiana (settore a scelta).
Il tuo titolare dovrà recarsi personalmente nel tuo Paese d'origine per un importante affare
con un imprenditore tuo connazionale.
Prima di partire il titolare ti convoca chiedendoti di dargli dei preziosi consigli su come condurre
la negoziazione, tenendo presente il carattere e le inclinazioni degli imprenditori tuoi connazionali
(es. flessibilità vs. rigidità, capacità di ascoltare, tendenza ad imporsi sull'interlocutore etc.).
Dà i consigli richiesti al tuo titolare, soffermandoti anche su qualche indicazione relativa all'etichetta adottata
nel tuo Paese durante gli incontri di affari e i possibili argomenti colloquiali da affrontare, e quelli da evitare
assolutamente, nei momenti di incontro informale, per esempio durante una cena.

Prepara a scelta uno dei due monologhi (5 minuti ca.) ed esponilo di fronte ai compagni e all'insegnante

Sia nel campo internazionale che in quello nazionale, i rapporti tra clienti e fornitori non sono sempre facili e le ripercussioni sulle aziende possono essere molto gravi

58

Ascolterai di seguito le amare esperienze di alcuni operatori italiani.

I. **Ascoltare** e comprendere

Ascolterai 5 responsabili di diverse aziende che illustrano alla direzione i problemi insorti nell'ambito di un rapporto commerciale e le relative conseguenze.
Dovrai svolgere due compiti: individuare per ogni singola azienda il problema insorto con il partner commerciale (compito n. 1) e le relative conseguenze (compito n. 2).

Compito n. 1
Scegliere dalla lista A-G **il problema insorto con il partner commerciale** e trascrivere la lettera corrispondente nell'apposito spazio.

Azienda 1	A aumenti dei prezzi di listino
Azienda 2	B ritardo nelle consegne
Azienda 3	C forniture mai pervenute
Azienda 4	D caratteristiche del prodotto non corrispondenti a quelle del campione
Azienda 5	E condizioni di pagamento non rispettate
	F il prodotto consegnato è per un'altra tipologia di cliente
	G quantità ordinate non corrispondenti al contratto

Compito n. 2
Scegliere della lista H-P la conseguenza derivata dal problema insorto con il partner commerciale.

Azienda 1	H rescissione del contratto
Azienda 2	I l'azienda fornitrice sta per fallire
Azienda 3	L ritardi nella produzione
Azienda 4	M si intende adire le vie legali
Azienda 5	N azzeramento dei margini di guadagno
	O ricorso allo scoperto bancario
	P affiancamento di un altro fornitore

Dopo tante letture e tanti ascolti in materia di internazionalizzazione delle aziende vediamo come te la caveresti tu dovendo affrontare il compito seguente.

L. Scrivere

Sei il direttore di un'azienda italiana che produce elettrodomestici e mobili. Da tempo la tua azienda sta cercando un'opportunità per portare parte della produzione in un paese straniero.
Trovi in internet l'annuncio che segue e scrivi una relazione al Consiglio di Amministrazione per sottolineare i vantaggi che, secondo te, la tua azienda potrebbe ricavare dal partenariato con la società rumena S.C. Trinom.
(da 200 a 250 parole)

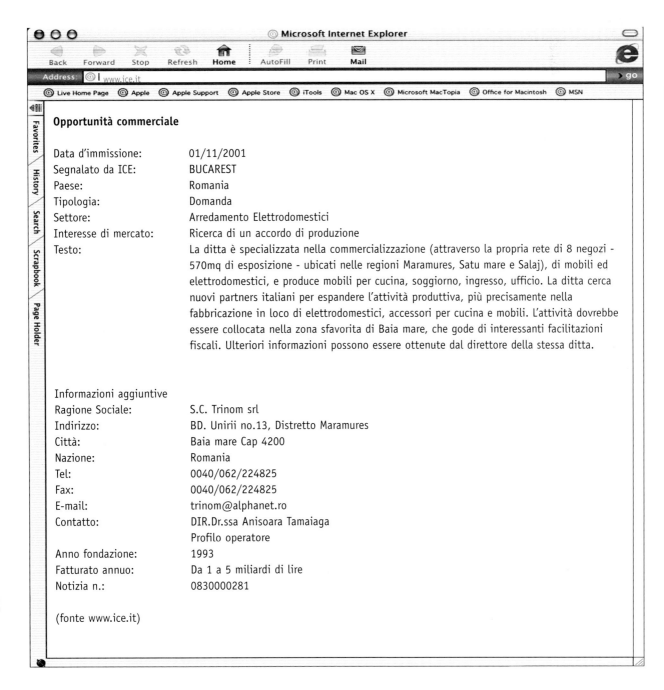

Opportunità commerciale

Data d'immissione:	01/11/2001
Segnalato da ICE:	BUCAREST
Paese:	Romania
Tipologia:	Domanda
Settore:	Arredamento Elettrodomestici
Interesse di mercato:	Ricerca di un accordo di produzione
Testo:	La ditta è specializzata nella commercializzazione (attraverso la propria rete di 8 negozi - 570mq di esposizione - ubicati nelle regioni Maramures, Satu mare e Salaj), di mobili ed elettrodomestici, e produce mobili per cucina, soggiorno, ingresso, ufficio. La ditta cerca nuovi partners italiani per espandere l'attività produttiva, più precisamente nella fabbricazione in loco di elettrodomestici, accessori per cucina e mobili. L'attività dovrebbe essere collocata nella zona sfavorita di Baia mare, che gode di interessanti facilitazioni fiscali. Ulteriori informazioni possono essere ottenute dal direttore della stessa ditta.

Informazioni aggiuntive

Ragione Sociale:	S.C. Trinom srl
Indirizzo:	BD. Unirii no.13, Distretto Maramures
Città:	Baia mare Cap 4200
Nazione:	Romania
Tel:	0040/062/224825
Fax:	0040/062/224825
E-mail:	trinom@alphanet.ro
Contatto:	DIR.Dr.ssa Anisoara Tamaiaga
	Profilo operatore
Anno fondazione:	1993
Fatturato annuo:	Da 1 a 5 miliardi di lire
Notizia n.:	0830000281

(fonte www.ice.it)

60

M. Parlare

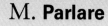

Il Consiglio di Amministrazione della tua azienda valuta positivamente l'opportunità di stringere un rapporto di partenariato con la società S.C. Trinom.
A tal fine il CdA ti incarica di prendere contatti ed avviare la negoziazione.
Ti rechi presso la S.C. Trinom per discutere con il titolare, che parla perfettamente in italiano.
Punti cruciali della discussione saranno: tempi, personale coinvolto, distribuzione delle responsabilità, investimento iniziale, tempi di ritorno dell'investimento, etc.

Lavora con l'insegnate o un compagno e insieme simulate l'incontro.

Abbiamo sentito parlare di joint venture e di accordi internazionali tra aziende. Quando un'azienda, invece di vendere semplicemente i prodotti, cede il proprio know how, gli accordi devono essere ben dettagliati. Vediamo come si presenta un contratto di cessione di know how in italiano.

Leggi il testo e svolgi il compito richiesto

N. **Grammatica** e lessico

Completare il testo. Inserire la parola mancante negli spazi numerati. Usare una sola parola.

CONTRATTO DI CESSIONE DI "KNOW HOW"

Col presente atto privato stipulato tra la società PROLUX SpA, in persona del Legale Rappresentante Sig. Marco Verdi con sede in Roma, via Prati Fioriti n. 22 (cedente), da una parte, e la società CASAMIA SpA in persona del Legale Rappresentante Sig.ra Lucia Bianchi con sede in Milano, via dell'Industria n. 44 (cessionario), dall'altra parte

premesso che

- PROLUX SpA è costruttore e progettista dei prodotti di seguito elencati:
  aspirapolvere Modello XY
  asciugacapelli Modello YYX

- i prodotti di cui sopra sono conosciuti nel mercato internazionale per la loro qualità e funzionalità;

- PROLUX SpA ha sviluppato un significativo know how tecnico per quanto concerne la progettazione e realizzazione dei citati prodotti ed intende cedere in esclusiva la propria conoscenza;

- CASAMIA SpA è interessata ad acquistare il know how sopracitato al fine di utilizzarlo nella propria impresa;

tutto ciò premesso, si conviene e stipula quanto (**1**) _____

1. OGGETTO DELLA CESSIONE

1.1 PROLUX SpA, essendo proprietaria ed utilizzatrice unica del know how di cui in premessa, cede a CASAMIA SpA, in (**2**) _____ assolutamente esclusiva, il know how in questione, corredato di tutto il materiale utile e necessario (formulari, disegni, manuali tecnici, fotografie) (**3**) _____ appropriarsi delle tecniche sviluppate da PROLUX SpA nel corso degli anni.

2. ESCLUSIVITA'

2.1 Tale cessione (**4**) _____ intendersi come assolutamente esclusiva. PROLUX SpA si impegna di conseguenza a non cedere ad altri il materiale di cui all'art. 1 od altro materiale analogo dal quale (**5**) _____ dedursi le tecniche utilizzate.

2.2 A sua volta CASAMIA SpA si impegna a non portare a (**6**) _____ di terzi la documentazione tecnica di cui sopra, vincolando contestualmente al segreto il proprio personale che, per lo (**7**) _____ delle proprie mansioni, abbia accesso a tali informazioni.

3. ASSISTENZA TECNICA

3.1 PROLUX SpA fornirà a CASAMIA SpA tutte le informazioni e la documentazione (8) ————— al citato know how a fronte del pagamento della somma che sarà indicata al successivo art. 5 e metterà inoltre a disposizione di CASAMIA SpA, per la durata di 5 mesi, 2 suoi tecnici (9) ————— addestrino il personale di CASAMIA SpA presso gli stabilimenti di quest'ultima, senza che alcuna ulteriore remunerazione sia ad essa (10) —————

4. MODIFICHE E PERFEZIONAMENTO DEL KNOW HOW CEDUTO

4.1 PROLUX SpA si impegna a comunicare a CASAMIA SpA ed a mettere a sua disposizione qualsiasi modifica o miglioramento del know how di cui in premessa, per un periodo di 5 anni dalla firma del presente contratto.

4.2 CASAMIA SpA si impegna a sua (11) ————— a comunicare a PROLUX SpA, per un identico (12) ————— di tempo, tutte le modifiche o miglioramenti che avrà apportato al citato know how.

5. REMUNERAZIONE

5.1 Contestualmente (13) ————— consegna da parte di PROLUX SpA della documentazione tecnica di cui in premessa, CASAMIA SpA verserà a PROLUX SpA la somma di Euro 50.000, ottenendo da questa regolare (14) ————— quietanzata.

6 TRATTAMENTO FISCALE

6.1 Le parti dichiarano che il corrispettivo citato all'art. 5 è soggetto all'applicazione dell'IVA in qualità di corrispettivo per la prestazione di un servizio ai sensi dell'art. 3, DPR 26.10.1972 n. 633, e pertanto il presente contratto è soggetto a registrazione a tassa fissa ai sensi dell'art. 40, DPR 26.04.1986 n. 131

Roma, lì 2 ottobre 2003

PROLUX SpA

Il Legale Rappresentante

CASAMIA SpA

Il Legale Rappresentante

Obblighi e opportunità U3

UNITÀ 3

Normative – Leggi – Regolamenti / Finanziamenti per le imprese

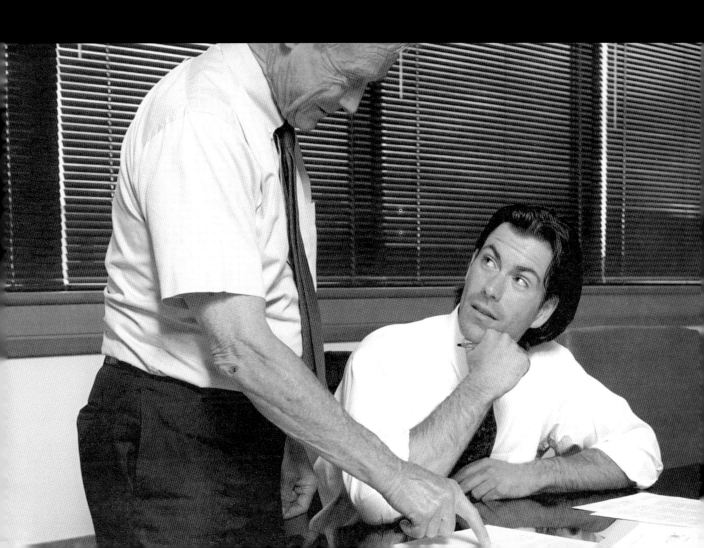

Normative - Leggi - Regolamenti

I rapporti che si instaurano lavorando in un'azienda non si limitano ai contatti interni con i colleghi e ai contatti esterni con clienti e fornitori. Un importante interlocutore sono le istituzioni pubbliche. In questo caso il rapporto si pone ad un differente livello: da una parte le istituzioni che attraverso leggi e norme comunicano al mondo aziendale regolamenti e direttive da seguire e dall'altra l'operatore che in azienda deve saper interpretare queste leggi.

I testi che seguono ti aiuteranno a comprendere a che punto siamo in Italia e in Europa in materia di legislazione relativa alla tutela ambientale.
Leggi i testi e svolgi il compito richiesto.

A. **Leggere** e comprendere

Leggere i tre testi.
Scrivere accanto alle informazioni 1-9, nell'apposito ☐, la lettera corrispondente al testo cui le informazioni si riferiscono

TESTO A

Il Regolamento comunitario n. 1836 del 1993 prevede la possibilità di un'adesione volontaria delle imprese del settore industriale ad un Sistema Comunitario di Ecogestione e Audit ambientale (EMAS).
Il legislatore non pone quindi dei limiti quantitativi o dei vincoli operativi, ma delinea le caratteristiche che un Sistema di Gestione Ambientale (SGA) deve possedere affinché all'impresa venga attribuito un pubblico riconoscimento per il suo impegno verso l'ambiente. La logica dell'EMAS è infatti quella dell'attivazione delle imprese verso il miglioramento delle proprie prestazioni ambientali secondo tempi e criteri adeguati e commisurati alle loro esigenze e disponibilità, dettati più da pressioni di natura competitiva e sociale che dalle prescrizioni normative.
Conseguentemente, benché il rispetto della conformità legislativa non sia fatto specifico oggetto di verifica nell'ambito della partecipazione dell'azienda all'EMAS, esso deve essere concepito come una precondizione il cui mantenimento è tra i compiti fondamentali del SGA.

64

Una prerogativa dell'EMAS è quella di riferirsi a vasti siti produttivi e non a singole imprese. Questo deriva dalla necessità di considerare, ai fini del miglioramento continuo, un ambito di applicazione locale, sufficientemente omogeneo e con problematiche ambientali specifiche.
Alla luce dei risultati dell'analisi iniziale, l'azienda dovrà introdurre un programma per agire sugli aspetti ambientali del sito identificati come significativi. Tale programma comprende la descrizione dei piani di azione mediante i quali l'azienda traduce i principi generali della sua politica ambientale in obiettivi specifici e predispone risorse e strumenti operativi adeguati.

(da R. Giacomozzi, www.ambiente.it)

TESTO B

Nel nostro Paese la normativa in materia ambientale costituisce ormai, per la maggior parte, il recepimento di direttive comunitarie e si sta evolvendo in senso sempre più restrittivo e vincolante, mentre i controlli sono sempre più incisivi e le sanzioni sempre più pesanti. Per le imprese, quindi, crescono le difficoltà, dovendosi adeguare ad una legislazione in continua evoluzione e spesso farraginosa, mal coordinata e di incerta interpretazione.
La variabile ambiente sta diventando quindi sempre più importante e critica per l'impresa, anche di piccole e medie dimensioni, ai fini della sua competitività e della sua redditività, mettendo a volte addirittura in pericolo la sua stessa sopravvivenza.
Le norme cogenti in materia ambientale, come d'altronde anche quelle relative alla sicurezza sul lavoro, non possono essere più disattese, in quanto possono essere notevoli le conseguenze negative sia in termini di costi legati ad incidenti ambientali: incidenti sul lavoro, denunce per malattie professionali, sanzioni, sia in termini di immagine negativa: cattivi rapporti con i dipendenti, ostilità della popolazione locale ecc.. Tuttavia non è opportuno subirle passivamente ma vanno ricercate delle appropriate soluzioni per rispettare i requisiti minimi di legalità, tenendo conto di un obiettivo fondamentale per l'impresa che è quello del controllo e della riduzione al minimo dei relativi costi.

(da R. Giacomozzi, www.ambiente.it)

TESTO C

Per un'azienda può essere molto proficuo adottare un approccio attivo volto all'aumento di efficacia e di efficienza nella gestione delle problematiche ambientali, per individuare delle soluzioni strategiche e operative innovative, in modo tale che l'ambiente possa essere vissuto non solo come un vincolo ma anche come una fonte di opportunità.
Ciò è possibile soprattutto alla luce delle recenti norme di carattere volontario quali sono le norme internazionali ISO 14000 in materia di Sistemi di Gestione Ambientale (SGA), utili soprattutto ai fini della relativa certificazione ambientale dell'attività produttiva, ed il Regolamento Comunitario 1836/93, noto come Regolamento EMAS sull'adesione volontaria delle imprese del settore industriale al Sistema Comunitario di Ecogestione e Audit. Questo regolamento, voluto dall'Unione Europea nell'ambito del V programma di azione, favorisce un rapporto nuovo tra imprese, istituzioni e pubblico basato sulla cooperazione, sul supporto reciproco e sulla trasparenza.
L'ecocompatibilità può produrre un numero crescente di vantaggi concreti, quali: minori consumi di risorse, minori costi legati agli incidenti ambientali ed alle sanzioni, miglioramento dei rapporti con una pluralità di stakeholders quali clienti, fornitori, banche, società di assicurazione, possibilità di usufruire di finanziamenti agevolati, contributi in conto capitale, ottenere semplificazioni amministrative ecc.. Recentemente all'interno delle politiche pubbliche si stanno sempre di più introducendo incentivi di tipo economico per valorizzare e premiare i comportamenti rispettosi dell'ambiente e gli sforzi delle imprese per il miglioramento continuo delle proprie prestazioni ambientali.

(adattato da R. Giacomozzi, www.ambiente.it)

1 Le norme in materia ambientale sono complesse e subiscono frequenti modifiche	
2 L'U.E. sostiene la ricerca verso il miglioramento dei rapporti tra i diversi soggetti imprenditoriali, pubblici e istituzionali	
3 Non essendo obbligatoria, questa regolamentazione offre esclusivamente le linee guida per una azienda che tende a migliorare secondo i suoi ritmi ed esigenze il rapporto produzione-ambiente	
4 Anche se non avviene una verifica diretta in proposito, il rispetto di tutte le norme di legge è *la conditio sine qua non* per un'azienda	
5 L'EMAS tende al miglioramento ambientale di luoghi produttivi con caratteristiche simili e non di singole aziende	
6 Per alcune imprese italiane l'adeguamento alle norme ambientali è troppo oneroso	
7 I ritorni per le aziende in sintonia con l'ambiente sono recepibili in primo luogo in termini di minor spesa e di vantaggi nei rapporti con l'esterno	
8 Oggi esistono anche dei "premi" per attribuire un valore concreto allo sforzo verso un migliore rapporto produzione-ambiente	
9 E' importante per l'azienda cercare le strategie per essere a norma con il minimo di spesa	

Il rispetto dell'ambiente e la prevenzione all'inquinamento sono priorità nell'agenda dell'Unione Europea. Ma come si comportano al riguardo i vari Stati Membri?

Leggi il testo e svolgi il compito richiesto

B. **Leggere** e comprendere

Leggere il testo.
Indicare con X la lettera A, B, o C corrispondente all'affermazione corretta fra le tre proposte.

Inquinamento, prevenzione, controllo: la UE fa il punto

Inquinamento atmosferico, produzione sostenibile, attività di prevenzione: sono temi che ormai da anni sono al centro di un dibattito politico acceso.
Proprio in questo periodo, in sede europea, ci si interroga sull'attuale stato di applicazione della Direttiva 96/61/CE sulla prevenzione e la riduzione integrate dell'inquinamento. E' la cosiddetta direttiva Ippc (Integrated Pollution Prevention and Control), nata con l'intento di offrire soluzioni articolate e comuni in tutta la UE. Un progetto ambizioso che però, a circa sette anni dalla sua introduzione – e a quasi quattro anni dalla sua adozione in Italia -, necessita ora di una verifica.

A questo proposito la Commissione Europea ha pubblicato nei giorni scorsi una relazione sulla direttiva Ippc ("Sulla via della produzione sostenibile – Progressi nell'attuazione della direttiva 96/61/CE del Consiglio sulla prevenzione e la riduzione integrate dell'inquinamento") nella quale si invitano tutti gli Stati Membri a compiere ogni sforzo necessario per attuare correttamente la legislazione. Si ricorda infatti che entro il mese di ottobre 2007 tutti gli obblighi imposti dalla direttiva 96/61/CE dovranno essere soddisfatti. E' evidente che allo stato attuale si registrano ancora molte mancanze e numerose inadempienze.
Ma che cosa prevede, sostanzialmente, la cosiddetta direttiva Ippc?

La direttiva 96/61/CE (Ippc) tratta la riduzione dell'inquinamento dai vari punti di emissione nell'intera Unione Europea; essa dunque riguarda in primo luogo gli impianti industriali e in particolare quelli il cui settore di attività rientra nell'Allegato 1 della suddetta direttiva (tra questi val la pena ricordare alcune categorie di particolare rilievo: attività energetiche, produzione e trasformazione dei metalli, industria dei prodotti minerali, industria chimica, gestione dei rifiuti). Non ricadono nella direttiva in questione gli impianti o le parti di impianti utilizzati per la ricerca, lo sviluppo e la sperimentazione di nuovi prodotti e processi. Il campo di applicazione della direttiva è dunque molto vasto e investe significativamente gran parte delle attività produttive della UE.

Tutti gli impianti, per poter essere operativi, devono ottenere un'autorizzazione dalle autorità competenti nei paesi dell'Unione Europea, e queste autorizzazioni devono essere basate sul concetto delle migliori tecniche disponibili, ossia il cosiddetto BAT (*Best Available Techniques*). Per "migliori tecniche disponibili" si intende quanto specificato al punto 11 dell'articolo 2 della direttiva 96/61/CE e cioè "... la più efficiente e avanzata fase di sviluppo di attività e relativi metodi di esercizio atti a ridurre in modo generale le emissioni e l'impatto sull'ambiente nel suo complesso."

Tuttora molti degli attuali modelli europei di produzione non rispondono ai criteri di sostenibilità ambientale necessari e l'adozione di BAT efficaci ha spesso un impatto notevole nella vita di un'azienda (molto significativi possono essere i costi di adeguamento degli impianti secondo severi regolamenti BAT). E' proprio in virtù di questo notevole e complesso sforzo di rinnovamento tecnico-impiantistico cui le aziende devono far fronte che il legislatore ha ritenuto opportuno lasciare un consistente periodo di transizione (11 anni: dal 1996 al 2007) per permettere a chi opera nei settori produttivi sopra citati di adeguarsi.
Ma chi e come stabilisce quali tecniche rientrino tra le BAT?
I criteri per determinare le migliori tecniche disponibili sono elencati nell'Allegato IV della già citata direttiva Ippc (per esempio: impiego di tecniche a scarsa produzione di rifiuti; recupero e riciclo delle sostanze emesse in fase di produzione; consumo e natura delle materie prime utilizzate, ecc...). Le autorità competenti a verificare la conformità delle tecniche e delle procedure ai criteri BAT possono essere di scala nazionale, regionale o locale: a questo proposito il Decreto Legislativo n. 372 del 4 agosto 1999 (entrato in vigore il 10/11/1999) con cui viene recepita in Italia la direttiva Ippc, alla voce "autorità competente" recita: "la medesima autorità statale competente al rilascio del provvedimento di valutazione dell'impatto ambientale ai sensi della vigente normativa o l'autorità individuata dalla regione, tenuto conto dell'esigenza di definire un unico procedimento per il rilascio dell'autorizzazione integrata ambientale".
Al fine di aiutare le autorità competenti nel valutare le migliori tecniche disponibili esiste a livello europeo un "Ufficio europeo dell'Ippc" che dovrebbe raccogliere nel tempo i Bat Reference Document (BREF – documento di riferimento delle BAT): una sorta di vademecum diviso per settore di attività. Questi lavori dovrebbero essere completati interamente entro la fine del 2005, ma già ora sono disponibili su web alcuni documenti BREF.
(tratto da www.qec.it)

1. Nell'ambito della direttiva 96/61 CEE la Commissione Europea sta attualmente lavorando

- [ ] **A** per verificare lo stato di attuazione delle norme da parte degli Stati Membri
- [ ] **B** alla revisione di quelle norme non ancora attuate dagli Stati Membri
- [ ] **C** per valutare quali norme siano risultate non applicabili da alcuni Stati Membri

2. La direttiva 96/61 CEE ha l'obiettivo di

- [ ] **A** far chiudere gli impianti industriali non conformi alla norma
- [ ] **B** migliorare le condizioni ambientali in Europa a partire dal 2007
- [ ] **C** coordinare e uniformare le politiche ambientali degli Stati Membri

3. Il legislatore europeo ha concesso un periodo di transizione di 11 anni

- [ ] **A** per permettere alle autorità competenti degli Stati Membri di definire il concetto di BAT
- [ ] **B** per dare il tempo necessario alle aziende europee di uniformarsi agli standard BAT
- [ ] **C** per permettere agli Stati Membri con gravi problemi ambientali di allinearsi agli altri Stati

4. Per verificare la conformità delle tecniche adottate dalle aziende agli standard delle BAT

- [ ] **A** ogni Stato Membro nomina una propria autorità competente
- [ ] **B** la responsabilità ultima è dell' "Ufficio Europeo dell'Ippc"
- [ ] **C** bisognerà aspettare la pubblicazione di un vademecum

C. Parlare

Sei il nuovo responsabile della sicurezza di una grande impresa italiana del settore chimico.
Nel corso della prima riunione generale alla quale partecipi, ritieni opportuno fare un discorso relativo
all'importanza del rispetto delle norme in materia di ambiente e sicurezza da parte delle aziende.
Per arricchire e rendere più incisivo il tuo discorso porta anche qualche esempio, magari verificatosi
nel tuo paese, di problemi di inquinamento insorti a causa delle negligenze di alcune aziende.

Prepara un monologo (durata 5 minuti ca.) ed esponilo di fronte all'insegnante e ai compagni.

Sempre nell'ambito del rispetto dell'ambiente e della sicurezza nei luoghi di lavoro vediamo che cosa prevede la legge italiana

Leggi il testo e svolgi il compito richiesto

D. **Grammatica** e lessico

Completare il testo. Inserire negli spazi numerati la forma opportuna scegliendola fra le quattro proposte. Trascrivere in ogni spazio la lettera corrispondente alla forma scelta. Una sola è la scelta possibile.

DECRETO DEL PRESIDENTE DELLA REPUBBLICA 27 aprile 1955, n. 547
Norme per la prevenzione degli infortuni sul lavoro.

(Gazzetta ufficiale 12/7/1955, n. 158, Suppl. Ord.)

OMISSIS
Titolo I
Capo I
DISPOSIZIONI GENERALI
OMISSIS
Doveri dei lavoratori
Art. 6

I lavoratori devono:

a)   osservare, oltre le norme del presente decreto, le misure **(1)** _____ dal datore di lavoro ai fini della sicurezza individuale e **(2)** _____ ;

b)   usare con cura i dispositivi di sicurezza e gli altri mezzi di protezione predisposti o forniti dal datore di lavoro;

c)   segnalare immediatamente al datore di lavoro, al dirigente o ai preposti le deficienze dei dispositivi e dei mezzi di sicurezza e di protezione, **(3)** _____ le altre eventuali condizioni di pericolo di cui **(4)** _____ a conoscenza, adoperandosi direttamente, in caso di urgenza e nell'ambito delle loro competenze e possibilità, **(5)** _____ eliminare o ridurre dette deficienze o pericoli;

d)   non rimuovere o modificare i dispositivi e gli altri mezzi di sicurezza e di protezione senza averne ottenuta l'autorizzazione;

e)   non compiere, di **(6)** _____ iniziativa, operazioni o manovre che non **(7)** _____ di loro competenza e che possano **(8)** _____ la sicurezza propria o di altre persone.

1	A	disposte	B	apposte	C	composte	D	esposte
2	A	collegiale	B	collettiva	C	consorziata	D	condivisa
3	A	nonché	B	anche	C	affinché	D	nonostante
4	A	andassero	B	provenissero	C	venissero	D	avessero
5	A	di	B	per	C	a	D	da
6	A	sua	B	vostra	C	altrui	D	propria
7	A	siano	B	rientrino	C	appartengano	D	nascano
8	A	azzardare	B	tentare	C	compromettere	D	rovinare

Lavorando in Italia è necessario sapersi destreggiare anche nell'ambito della legislazione in materia fiscale e tributaria.

Il testo che segue illustra le modalità di applicazione dell'imposta INVIM (Imposta sull'incremento di valore degli immobili)
Leggi il testo e svolgi il compito richiesto.

E. **Leggere** e comprendere

Completare il testo. Inserire negli spazi numerati la parte di testo mancante scegliendola tra quelle sottoelencate. Trascrivere in ogni spazio la lettera corrispondente alla parte scelta.
Una sola è la scelta possibile.

La stipula di un contratto di compravendita di un bene immobile comporta alcune spese, tra cui l'INVIM (Imposta sull'incremento di valore degli immobili).

71

L'INVIM è l'imposta che viene calcolata sull'incremento di valore conseguito dall'immobile nel periodo di tempo _____(1) acquisto e l'attuale vendita.[...].
Le società pagano quest'imposta sugli immobili a scadenza decennale a prescindere dalla vendita o meno degli stessi.
Essa è _____ (2) per pagarla deve presentare un'apposita dichiarazione
contemporaneamente _____ (3) di vendita o della denuncia di successione.
L'acquirente, _____ (4), è interessato al pagamento della tassa _____ (5)
ragioni.
A questo proposito deve: accertarsi sia che il venditore paghi, sia _____ (6) il prezzo realmente convenuto o pagato, o almeno un prezzo non inferiore al cosiddetto parametro catastale relativo all'immobile.
In caso contrario sull'immobile graverà un privilegio _____(7) l'INVIM non sia definita.
L'acquirente inoltre, _____ (8) sia una società, dovrà pretendere dallo stesso la prova
_____ (9) pagamento dell'INVIM decennale altrimenti si rischierà che subentrino dei
problemi al momento della presentazione dei documenti dell'atto di compravendita per la registrazione.
L'imponibile da tassare è _____ (10) valore "iniziale" e valore "finale" dell'immobile;
il calcolo _____ (11) attraverso un procedimento piuttosto complicato.

(adattato da: Dott. Benito Longobardo - www. ilconsulentetelematico.com)

A. alla registrazione dell'atto notarile
B. di tale differenza viene fatto
C. per più
D. nel caso il venditore
E. a carico del venditore che
F. dell'avvenuto precedente
G. che venga dichiarato

H. che intercorre fra il precedente
I. di compravendita fin quando
L. costituito dalla differenza tra
M. anche se non direttamente
N. calcolata sull'incremento di valore conseguito
O. la prova dell'avvenuto precedente

Finanziamenti per le imprese

Leggi, regolamenti, direttive... Dalle istituzioni pubbliche, però, non vengono emanate solo norme che regolano l'attività dell'azienda in senso restrittivo. Sempre più numerose sono le opportunità che le istituzioni pubbliche mettono a disposizione delle aziende. A tutti i livelli: europeo, nazionale, regionale esistono sempre più leggi che regolano la distribuzione di finanziamenti o la possibilità di agevolazioni fiscali e tributarie per le aziende. Le opportunità sono molte, basta conoscerle e saperle interpretare correttamente!

Un consulente aziendale illustrerà di seguito quali sono le buone prassi da seguire per sfruttare al meglio queste opportunità e quali sono gli errori da non commettere mai. Ascolta il brano che segue e svolgi il compito richiesto.

73

F. **Ascoltare** e comprendere

Ascoltare il brano due volte.
Indicare con X la lettera A, B o C corrispondente all'affermazione corretta fra le tre proposte.

1. L'imprenditore deve garantirsi un'informazione completa e veloce
   - ☐ A affinché la sua azienda non sia tra le ultime ad accedere alla provvidenza
   - ☐ B perché la possibilità di accesso ad una provvidenza ha una scadenza temporale
   - ☐ C per sfruttare al meglio l'investimento effettuato con l'acquisto della banca dati

2. Le piccole e medie imprese sono svantaggiate nel reperire fonti di informazione sulle opportunità finanziarie
   - ☐ A perché non dispongono di sistemi informatici con software sofisticati
   - ☐ B perché le banche dati aggiornate sono troppo costose
   - ☐ C perché tutte le attività finanziarie sono delegate a consulenti esterni

3. Per scegliere l'opportunità di finanziamento che aderisce alla realtà della sua azienda l'imprenditore
   - ☐ A deve per forza rivolgersi ad un consulente esterno
   - ☐ B può agire in modo autonomo se ne ha le capacità
   - ☐ C deve prima imparare a consultare le banche dati

4. Secondo il nostro consulente
   - ☐ A elaborare un progetto da finanziare è una complicazione inutile per un'azienda
   - ☐ B prima di elaborare un progetto un'azienda deve calcolare la cifra che le serve per realizzarlo
   - ☐ C le provvidenze pubbliche sono utili per un'azienda se supportano la sua strategia di sviluppo

Tante sono le opportunità di finanziamento per le donne che vogliono creare un'impresa

74

I grafici seguenti illustrano la situazione dello sfruttamento dei finanziamenti pubblici in favore dell'imprenditoria femminile in Umbria.
Osserva i grafici e svolgi il compito seguente.

G. Scrivere

Descrivere e commentare i due grafici in una relazione di 100 parole ca.

Finanziamenti alle imprese femminili in Umbria - Anno 2001
Domande presentate divise per macrosettori

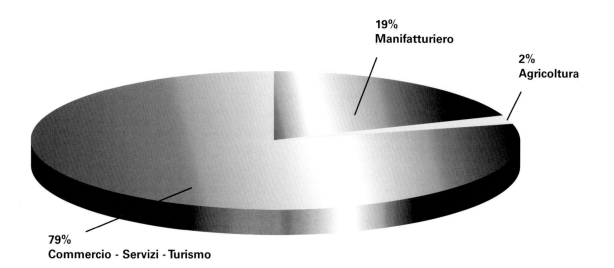

19%
Manifatturiero

2%
Agricoltura

79%
Commercio - Servizi - Turismo

(fonte: Regione Umbria, Dir. attività produttive "Donne in affari")

Numero di imprese divise per fasce di contributi assegnati

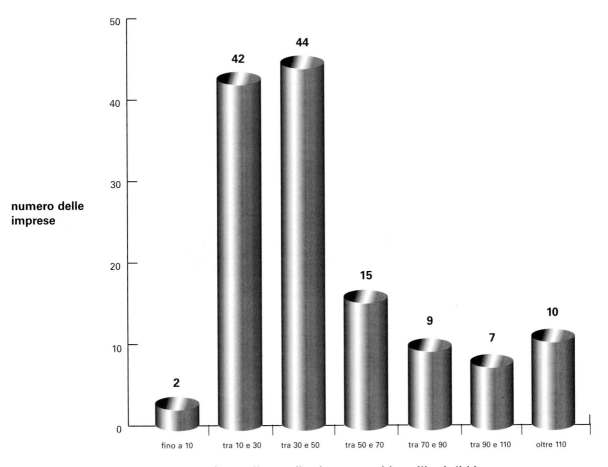

numero delle imprese

fasce di contributi assegnati in milioni di Lire

Anche nelle piccole realtà amministrative italiane, nei comuni, le opportunità offerte agli imprenditori sono molteplici.
I lavori edili o l'approvvigionamento di prodotti e servizi in favore dell'amministrazione pubblica vengono affidati ad imprese private attraverso gare d'appalto (gare di pubblico incanto).
In poche parole l'amministrazione apre una vera e propria gara e aggiudica l'appalto dei lavori o della fornitura al miglior offerente.

Di seguito ascolterai l'assessore all'edilizia pubblica di un piccolo comune italiano che illustra ad un gruppo di imprenditori modalità e tempi per accedere ad una gara d'appalto.

H. **Ascoltare** e comprendere

Ascoltare il brano due volte
Completare le note scritte da uno dei partecipanti all'incontro con le parole mancanti.

Il bando integrale della gara d'appalto è pubblicato nella Gazzetta Ufficiale della Repubblica Italiana numero
                                              (1): ....
L'estratto del bando di gara è pubblicato **(2):** ....

Oggetto della gara   **(3):** ....

Consegna delle offerte: luogo   **(4):** ....
Contenuto delle 2 buste da consegnare:
                        prima busta   **(5):** ....
                        seconda busta **(6):** ....
                        termine   **(7):** ....
                        condizione   **(8):** ....

Svolgimento della procedura:
in data 15.06.2002 avverrà   **(9):** ....

in data 25.06.2002 avverrà   **(10):** ....

Criterio per l'assegnazione dei lavori   **(11):** ....

Punti da analizzare nel bando integrale
                                             (12): ....
                                             (13): ....
                                             (14): ....

Le opportunità di finanziamento e le agevolazioni per i giovani imprenditori in Italia sono molteplici.
Esistono leggi che regolano l'erogazione di contributi in fase di avviamento, per l'acquisto di immobili, attrezzature, etc.
E' importante, per ottenere il finanziamento, presentare un ottimo business plan e soprattutto... avere le idee chiare su quello che si intende fare.

Vorresti creare una tua impresa in Italia?
Svolgi allora il compito seguente insieme ad un compagno o all'insegnante.

I. Parlare

Insieme ad un amico decidete di creare una piccola impresa in Italia (settore commerciale o di servizi) .
Discutete insieme per elaborare un progetto di fattibilità.
Non trascurate i seguenti elementi:
Oggetto sociale
Capitale iniziale necessario
Compagine sociale
Addetti
Sede

Forse alla fine della discussione il vostro business plan sarà pronto...

78

Il progetto che hai creato con il tuo amico è andato in porto e l'impresa è stata creata.
In fase di avviamento hai addirittura ottenuto un finanziamento a tasso zero da parte della Provincia
dove ha sede l' impresa. Il finanziamento, pari a Euro 15.000, copre le spese di acquisto
di arredi e attrezzature e va restituito entro 5 anni. Annualmente l'Amministrazione della Provincia
ti richiede una relazione relativa all'andamento dell' attività.
Nel compito seguente devi immaginare di trovarti di fronte a questo obbligo.

L. Scrivere

Redigi la relazione per la Provincia al termine del 1° anno di attività della tua nuova impresa specificando:
- attività svolta durante l'anno
- investimenti effettuati con il finanziamento ottenuto
- obiettivi della società per il 2° anno di attività

(da 200 a 250 parole)

Nell'unità 1 abbiamo trattato la certificazione dei sistemi di qualità.
Il bando che segue potrebbe essere interessante e vantaggioso per le aziende
che intendono intraprendere l'iter di certificazione o che si sono già certificate.

Leggi il testo seguente e svolgi il compito richiesto.

M. **Grammatica** e lessico

Completare il testo. Inserire la parola mancante negli spazi numerati. Usare una sola parola.

L. R. 3/97 - REGIONE VENETO

Titolo del contributo:	**Bando per il finanziamento del sistema qualità nelle PMI del Veneto.**

Destinatari:

Piccole e Medie Imprese. Per PMI si **(1)** _____ tutte e sole le imprese che rientrano nella definizione prevista dalla vigente normativa comunitaria, aventi sede operativa e stabilimento presso **(2)** _____ l'intervento verrà attuato nel territorio della Regione Veneto (…).

Interventi finanziabili:

Sono finanziabili i seguenti interventi:
1. Interventi riguardanti l'implementazione dell'intero sistema aziendale **(3)** _____ la norma della qualità UNI EN ISO 9001/2000 (c.d. VISION 2000). Sono esclusi gli interventi di importo inferiore a Euro 5.164,00;
2. Interventi di adeguamento **(4)** _____ norma UNI EN ISO 9001:2000 (c.d Vision 2000) realizzati da aziende già certificate in **(5)** _____ con le norme edizione 1994. L'importo di progetto - in tal caso - non potrà essere inferiore a Euro 3.000,00.
3. Inoltre:

   (…)

Potranno essere finanziate le spese (IVA esclusa) relative alle attività di **(6)** _____ al punto 2 sostenute **(7)** _____ decorrere dal 01/01/2001 (a tal **(8)** _____ farà fede la data di **(9)** _____ delle fatture attestanti le spese ammissibili).

Entità del contributo:

I contributi sono concessi **(10)** _____ la misura massima del 50% dei costi dei servizi di consulenza, IVA esclusa (investimento ammissibile/importo di progetto). Per ciascun richiedente l'importo massimo di contributo concedibile in base alla presente iniziativa è pari a 15.000,00 (quindicimila) EURO

Termini di presentazione domande:

a **(11)** _____ raccomandata A/R, a **(12)** _____ dal giorno 28/10/2002 ed entro il **(13)** _____ perentorio del giorno 15/11/2002.

(tratto da www.cna-oderzo.com)

Tra leggi e normative varie... vediamo come si comportano i diretti interessati in un'azienda.

Ascolta e svolgi il compito seguente.

N. **Ascoltare** e comprendere

Ascolterai 5 dirigenti di un'azienda che si confrontano con leggi e normative (ascolta i brani due volte). Dovrai svolgere due compiti: abbinare ad ogni monologo il responsabile aziendale che lo pronuncia (compito n. 1) e individuare un' affermazione espressa in ciascun monologo (compito n. 2).

COMPITO 1

Persona 1 ......
Persona 2 ......
Persona 3 ......
Persona 4 ......
Persona 5 ......

A. Responsabile delle vendite
B. Responsabile dei sistemi informatici
C. Responsabile marketing
D. Responsabile dell'amministrazione
E. Responsabile del personale
F. Responsabile della sicurezza e ambiente
G. Responsabile ricerca e sviluppo

COMPITO 2

Persona 1 .....
Persona 2 .....

Persona 3 .....

Persona 4 .....
Persona 5 .....

H. L'azienda eviterà di ricorrere al credito bancario
I. Il sistema informatico sarà probabilmente attaccato da un virus
L. La nuova legge implicherà uno sforzo notevole per essere compresa
M. Ci sarà la possibilità di aprire nuovi mercati
N. L'azienda pagherà una multa per il mancato rispetto della normativa
O. L'azienda risparmierà sui costi del personale
P. L'azienda dovrà sostenere spese ingenti

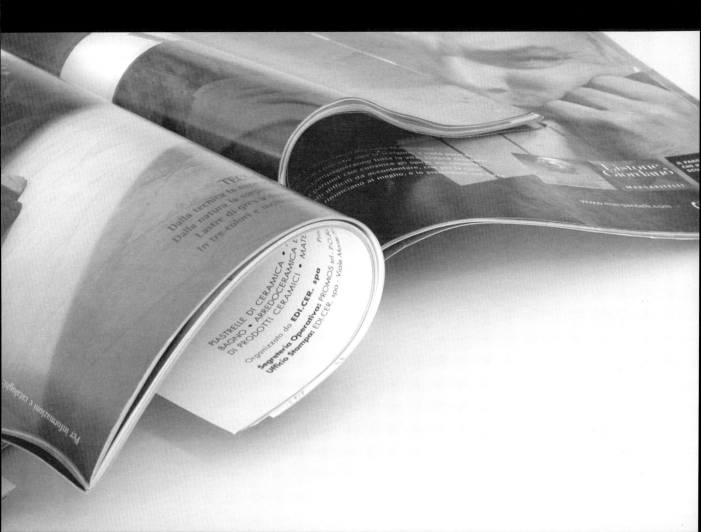

Marketing e pubblicità

"La pubblicità è l'anima del commercio"... recita un vecchio adagio.
Oggi al concetto di pubblicità come strumento per far conoscere un prodotto ed
aumentare i profitti si è sostituito il concetto di pubblicità come comunicazione.
Sapere comunicare all'esterno dell'azienda, quindi, e non solo usando la parola!

Il prossimo ascolto riguarda la realizzazione di alcune campagne pubblicitarie.
Ascolta i brani due volte e svolgi i compiti richiesti.

A. **Ascoltare** e comprendere

Ascolterai 5 persone, titolari di aziende o di negozi, che illustrano 5 campagne pubblicitarie effettuate.
Dovrai svolgere due compiti: individuare il metodo di comunicazione adottato (compito n. 1) e i risultati
ottenuti o previsti (compito n. 2).

COMPITO 1

Persona 1 .....
Persona 2 .....
Persona 3 .....
Persona 4 .....
Persona 5 .....

A. Spot radiofonico
B. Sponsorizzazione
C. Telepromozione
D. Volantinaggio
E. Cartellonistica
F. Spot televisivo
G. Testimonials

COMPITO 2

Persona 1 .....
Persona 2 .....
Persona 3 .....
Persona 4 .....
Persona 5 .....

H. Calo di clientela della fascia d'età adulta
I. Aumento delle vendite
L. Ideazione nuove strategie di comunicazione
M. Aumento della clientela
N. Vendite stazionarie
O. Calo degli ordini
P. Diversificazione della clientela

Per impostare una campagna pubblicitaria non è sempre necessario rivolgersi a delle agenzie specializzate.
I moderni mezzi di comunicazione permettono di diffondere ad ampio raggio messaggi promozionali con una piccola spesa.
Ma per essere veramente efficaci questi messaggi devono essere scritti come si deve!

Il testo che segue ci offre alcuni consigli su come impostare un documento promozionale chiaro ed efficace.
Leggi il testo e svolgi il compito richiesto.

B. **Leggere** e comprendere

Leggere il testo.
Indicare con X la lettera A, B, o C corrispondente all'affermazione corretta fra le tre proposte.

Come impostare un documento promozionale: chiarezza e plus

Far conoscere la propria gamma di prodotti, i propri servizi, la propria struttura ed il know how che la contraddistingue: il tutto in un documento cartaceo. Sembra la scoperta dell'acqua calda (in parte, lo è), ma si tratta di un'acqua che, per così dire, spesso più che calda è tiepiduccia, in quanto capita ancora, ogni tanto, di ricevere documentazione di tipo aziendale (anche via e-mail) la cui (paziente) lettura non conduce ad una corretta ed univoca identificazione del messaggio contenuto.
Nel predisporre un qualsiasi documento di tipo promozionale ed informativo, occorre sempre partire da una regola semplice, immediata e basilare: "chi" fa "che cosa", "come", "dove". In fondo, è un po' come tornare alla regola che è sempre bene non abbandonare né offendere mai: "soggetto, predicato verbale, complemento oggetto".
Obiettivo primario del documento promozionale è comunicare un'offerta di beni e/o di servizi specifici, illustrarne le caratteristiche e presentarne l'azienda produttrice e/o erogatrice, congiuntamente alle sue referenze, alla tempistica (in particolare, se si tratta di uno o più servizi) ed alle modalità di fornitura.
E' buona regola evitare di essere prolissi perché ci si addentra in un percorso descrittivo inutile, pesante e che stancherà in breve il destinatario del messaggio, specialmente se il mezzo utilizzato è il mezzo e-mail.
Chiediamoci sempre: se io dovessi ricevere la documentazione che ho appena terminato di preparare e se non conoscessi assolutamente questa azienda e la sua offerta, cosa capirei? Cosa riuscirei a recepire in termini di informazioni? Che tipo di immagine aziendale mi trasmetterebbero le righe e le immagini contenute nel documento? Ecco un'altra regola di base che troppo spesso viene disattesa non soltanto da singoli che si occupano di marketing ma anche da interi marketing teams che, seppur potenzialmente capaci (come gruppi) di realizzare un documento di marketing mirato, si perdono dietro lungaggini letterarie che tutto offrono (esercizio linguistico, ricercatezze terminologiche), tranne ciò che dovrebbe effettivamente rientrare nell'obiettivo prioritario e cioè far conoscere più e meglio sia quanto si offre che la propria azienda.
Un qualsiasi documento promozionale deve trasmettere un'adeguata informazione altrimenti diventa un

vuoto esercizio letterario ed una perdita di tempo. L'elemento fondamentale sul quale deve poggiare il documento marketing è il *plus*, cioè il valore aggiunto che un determinato prodotto o uno specifico servizio comportano a chi, azienda o privato consumatore/fruitore, lo acquista. In ogni settore di attività, esiste una ormai oceanica e diversificata offerta di prodotti e di servizi: se non si punta ad evidenziare in modo chiaro, corretto ed inequivocabile il valore aggiunto assicurato dalla particolarità del nostro prodotto (o del nostro servizio), non soltanto non riusciremo a farci capire dal nostro mercato di riferimento, ma la nostra offerta sparirà nella nebula dell'anonimato più assoluto.

Dunque, comunicare è un'attività strategica e tattica che deve abbinare i caratteri della chiarezza e dell'immediatezza informativa a quelli della centralità conoscitiva riferita al valore aggiunto proprio di quanto si propone ai targets potenziali. Il non rispetto di queste regole basilari comporta automaticamente per l'azienda un'inutile dispersione di energie e, soprattutto, cosa ancor più grave per un'iniziativa promozionale, il non ottenere quel minimo di feed-back da parte dei destinatari della comunicazione: feed-back di cui ogni impresa ha bisogno per sviluppare e consolidare la propria penetrazione commerciale, magari anche rimodulando, di volta in volta ed a fini migliorativi, la propria comunicazione per adattarla ulteriormente alle caratteristiche dei destinatari.

Essere chiari e descrivere il valore aggiunto di quanto si offre: sono queste le regole fondamentali da osservare meticolosamente e non soltanto per redigere un adeguato documento promozionale ma anche per meglio implementare tutte le attività di comunicazione aziendale, comprese quelle più complesse ed impegnative.

Marco Mancinelli (29/04/2003) (tratto da www.aziendenews.it)

1. **Un documento promozionale è poco efficace quando**
   - ☐ A chi lo scrive non è attento alle regole della grammatica
   - ☐ B il messaggio da comunicare non è pienamente focalizzato
   - ☐ C il prodotto da promuovere è descritto con inutili dettagli

2. **Il metodo consigliato per chi scrive un documento promozionale consiste**
   - ☐ A nel mettersi nei panni del destinatario del messaggio
   - ☐ B nel porre una serie di domande ad un marketing team
   - ☐ C nel rivedere il testo ed eliminare le parti troppo prolisse

3. **Gli esperti che fanno parte di un marketing team**
   - ☐ A non sbagliano le strategie di comunicazione pubblicitaria grazie al lavoro di gruppo
   - ☐ B hanno quelle conoscenze linguistiche necessarie per creare documenti promozionali efficaci
   - ☐ C possono perdere di mira l'obiettivo che un documento promozionale deve comunicare

4. **E' importante evidenziare nel documento il valore aggiunto del prodotto per**
   - ☐ A evitare che il messaggio passi inosservato dai potenziali clienti
   - ☐ B non far perdere del tempo prezioso a chi legge il messaggio
   - ☐ C dare ai potenziali clienti tutte le caratteristiche del prodotto stesso

Un cliente soddisfatto è la migliore forma di pubblicità.
Molte aziende sviluppano strumenti idonei per rilevare il livello
di soddisfazione dei propri clienti. È questa una strategia corretta
che permette di fare il punto della situazione e apportare
miglioramenti continui.

Il testo che segue è il report 2001 relativo ai risultati di un'indagine sul livello di soddisfazione della clientela. L'azienda "Eplan Italia Srl" si occupa di sviluppo di software industriali, formazione e consulenza.

Leggi il testo e svolgi il compito richiesto.

C. **Leggere** e comprendere

Leggere il testo.
Completare il testo. Inserire negli spazi numerati la parte di testo mancante scegliendola tra quelle sottoelencate. Trascrivere in ogni spazio la lettera corrispondente alla parte scelta.
Una sola è la scelta possibile.

Facciamo riferimento al questionario inviato a tutti gli utenti riguardante la "Soddisfazione su Prodotti/Servizi offerti da Eplan Italia" per comunicare i risultati emersi dall'analisi dei dati.

Ringraziamo prima di tutto gli utenti (1) .... questa attività di monitoraggio.

Informiamo (2) .... e dell'analisi sulla "Soddisfazione Cliente". Circa il 20% dell'utenza ci ha risposto.
Il dato (3) .... che rappresentativo. Quest'anno inoltre ci riteniamo particolarmente soddisfatti (4) ....
di tutte le risposte ottenute si avvicina al voto 8.0.

PRODOTTO: voto medio **7.6** rispetto al **7.0** del 2000
Da una analisi delle risposte ottenute (5) .... sul prodotto (voto 7.5), una dichiarata superiorità rispetto
alla concorrenza (voto 7.5) e soprattutto c'è soddisfazione sull'investimento effettuato su Eplan in quanto alla
domanda (6) .... si registra un voto 8.0.
Ci gratifica particolarmente sapere che gli utenti (7) .... da più tempo apprezzano sempre di più Eplan
e questo lo rileviamo dalle votazioni date da questa categoria di clienti che arrivano a voti di 8.0.

TRAINING (CORSI DI FORMAZIONE) voto medio **7.1** rispetto al **6.9** del 2000

(8) _____ quali "clienti di vecchia data" , "clienti importanti", "clienti che utilizzano molto Eplan"
si riscontrano votazioni che vanno dal 6.7 al 7.1. Per il servizio di formazione abbiamo inoltre un altro indice
di gradimento (9) _____ da parte di tutti i corsisti che seguono corsi di formazione in Eplan Italia. Da questi
ultimi (10) _____ sul gradimento delle singole parti del corso (dalla soddisfazione sulla parte teorica, a quella
pratica, alla tipologia di materiale didattico ecc.). E' questa un'analisi che Eplan Italia fa annualmente.

HOT LINE voto medio **7.8** rispetto al **7.0** del 2000

Questo servizio ha ottenuto nel 2001 un gradimento più che soddisfacente. Ottimi sono stati i risultati su tutti
i fronti quali: la tempistica ha ottenuto un voto di 7.3 rispetto a 6.5 del 2000, la capacità di individuazione dei
problemi un voto di 7.6 rispetto a 6.7 e la cortesia alla risposta un voto di 8.4 rispetto a 7.7 dell'anno scorso.
Le stesse risposte suddivise nelle tre aree di clienti soprariportate hanno raggiunto votazioni che vanno dal 6.9
al 8.5.

Un altro dato da sottolineare nell'area dell'assistenza hot line (11) _____ negli utenti forti utilizzatori del
servizio. L'anno scorso si sono rilevate delle insufficienze (voto 5.8) su "tempistica" e "capacità di
individuazione dei problemi" che quest'anno riportano votazioni fino a 7.3.
Le azioni di miglioramento apportate a quest'area in termini di personale dedicato a questa tipologia di
servizio (12) _____ .

(tratto da www.eplanitalia.it)

A. che con il 2001 siamo alla nostra quinta edizione del questionario
B. ci sembra più
C. analizzando le categorie di clienti
D. in quanto il risultato medio
E. non soddisfano pienamente
F. sull'adeguatezza del prodotto alle esigenze aziendali
G. che hanno collaborato con noi in
H. ottenuto dalla compilazione di un questionario
I. riusciamo a ricavare dati
L. è dato dall'incremento ottenuto
M. che lavorano con noi
N. si sono quindi rivelate efficaci
O. hanno a disposizione
P. si rileva una buona soddisfazione generale

Prima di impostare una campagna pubblicitaria ad ampio raggio è quindi opportuno fotografare la situazione attuale dell'azienda.

87

Mettiti nei panni di un responsabile marketing e svolgi il compito seguente.

D. Parlare

Sei il nuovo responsabile marketing di una grande azienda italiana (settore a scelta).
Il direttore generale ti chiede di pianificare una nuova campagna pubblicitaria per rilanciare i prodotti dell'azienda. Come prima mossa tu pensi sia opportuno fare il punto della situazione sul livello di soddisfazione del cliente.
A tal fine illustri al direttore le strategie che intendi adottare per effettuare la tua analisi (obiettivi, modalità, strumenti, tempi, costi, personale coinvolto, etc.). Il direttore, però, non è assolutamente d'accordo nell'effettuare questa analisi temendo costi troppo elevati e un'inutile perdita di tempo per il personale. Devi convincerlo del contrario.

Lavora con l'insegnate o un compagno. Insieme simulate la discussione.

Le campagne pubblicitarie hanno bisogno del loro tempo per una corretta pianificazione ed attuazione.

La campagna pubblicitaria iniziata un anno fa e nella quale ti sei seriamente impegnato per la tua azienda è a buon punto.
Il direttore ti chiede una relazione scritta sui risultati raggiunti.

E. Scrivere

Illustra in una relazione (dalle 200 alle 250 parole) i risultati ottenuti dalla campagna pubblicitaria specificando e commentando:
1. i costi sostenuti per singola voce di spesa
2. i risultati ottenuti in termini di aumento delle vendite

Ogni prodotto ha il suo target di riferimento. In questi ultimi tempi, in Italia e non solo, si è scoperto che un target che genera continui profitti è quello costituito dai bambini (... e dai genitori che tirano fuori il portafoglio!!!!). Di conseguenza si sono sviluppate anche agenzie di marketing specializzate nella comunicazione con questa particolare e redditizia fetta di mercato.

Il testo che segue è la presentazione di un'agenzia di marketing specializzata in questo settore. Leggi il testo e svolgi il compito richiesto.

F. **Grammatica** e lessico

Completare il testo. Inserire negli spazi numerati la parte di testo mancante scegliendola tra le quattro proposte. Trascrivere in ogni spazio la lettera corrispondente alla forma scelta
Una sola è la scelta possibile. Il numero (0) è l'esempio.

Milano 28 maggio 2003

- Nasce KomKids, un team di esperti marketing specializzati nella promozione e comunicazione di iniziative rivolte ai bambini ed ai ragazzi _____A_____ **(0)** l'utilizzo dei nuovi strumenti tecnologici quali Internet e telefonia mobile. KomKids si rivolge alle aziende che desiderano promuovere i loro prodotti e servizi utilizzando il linguaggio più adatto per avvicinare questo target, un linguaggio che non può che essere _____ **(1)** e multicanale.
- KomKids è una iniziativa di Kids International srl, società nata nel 1993, specializzata nella ricerca e consulenza sul target bambini. Il ragazzo ha una propria opinione, una propria cultura, delle proprie emozioni: bisogna _____ **(2)** a lui, con il suo linguaggio, sia nella forma che nei mezzi usati per comunicare. Va aggiunto che _____ **(3)** i bambini nascono nell'era del cellulare, dei videogames e di Internet e che si trovano perfettamente a loro _____ **(4)** con questi strumenti.
- KomKids conosce i ragazzi, gioca con loro e tramite il gioco interpreta i loro pensieri e i loro desideri, _____ **(5)** il loro comportamento, i loro linguaggi, e il loro bisogno di consumo, stando sempre attenti a non perdere _____ **(6)** vista l'obiettivo finale, che è quello di consigliare il cliente sulle migliori iniziative di comunicazione multicanale e di vendita da adottare. Questo è l'autentico Plus di KomKids: essere gli unici a concentrarsi esclusivamente sui Kids e sui Teens per essere in grado di offrire all'azienda le soluzioni _____ **(7)**. KomKids mette a disposizione anche una serie di servizi che vanno dalla Newsletter alla _____ **(8)** stampa mensile, dall'osservatorio Web_Oriented alle indicazioni sul panorama socioculturale dei nostri target fornite da Kids International e Teen Imagination. KomKids mette a _____ **(9)** il knowhow di due esperienze parallele e _____ **(10)** : quella decennale di Kids International e Teen Imagination, primi istituti di ricerca e di consulenza sulla comunicazione, il consumo e la cultura infantile e giovanile, e quella di PuntoJ, società specializzata in consulenza di marketing multi-canale (Internet, Telefonia, Direct mail ecc.), di comunicazione e di progettazione Web based.

(da www. marketpress.info)

0	A	tramite	B	entro	C	mezzo	D	con
1	A	interagente	B	interattivo	C	interpersonale	D	interrelato
2	A	sentire	B	puntare	C	dirigersi	D	rivolgersi
3	A	quando	B	oramai	C	prima	D	ancora
4	A	agio	B	piacere	C	modo	D	comodo
5	A	decifra	B	detiene	C	desume	D	decodifica
6	A	a	B	da	C	di	D	in
7	A	vincenti	B	vincitrici	C	vincitore	D	meglio
8	A	lista	B	rassegna	C	parata	D	relazione
9	A	frutto	B	perfezione	C	risultato	D	giro
10	A	contigue	B	complementari	C	intercambiabili	D	complessive

Creativi al lavoro!
Nelle agenzie pubblicitarie si lavora sempre in team.
Anche in questo caso, però, vige la regola del "chi fa che cosa".

Ascolterai il direttore di un'agenzia di marketing che con il suo team di lavoro pianifica una campagna pubblicitaria per un cliente molto importante.

Ascolta il testo due volte e svolgi il compito richiesto.

G. **Ascoltare** e comprendere

Ascoltare il testo.
Completare le note scritte da uno dei partecipanti all'incontro con le parole mancanti.

GRUPPO DI LAVORO	AREA DI INTERVENTO	COSE DA FARE	TEMPI
Luca e Sergio	1..	2.. 3..	4..
Maria	5..	6.. 7.. 8..	9..
Anna e Stefano	10..	11..	12..

Le nuove strategie di comunicazione prevedono l'uso sempre maggiore del mezzo internet.
Ma le pubblicità sul WEB funzionano? Sono destinate a durare?

91

Nei tre testi che seguono è espresso il parere di alcuni esperti riguardo al successo e alla durata della pubblicità sul WEB.

Leggi i tre testi seguenti e svolgi il compito richiesto.

H. **Leggere** e comprendere

Leggere i tre testi.
Scrivere accanto alle informazioni 1-9, nell'apposito ☐, la lettera corrispondente al testo cui le informazioni si riferiscono.

TESTO A

Quali sono i "suggerimenti ad hoc" o le "regole d'oro" che applicherebbe a una campagna pubblicitaria on-line?

Solo lo 0,5% circa degli utenti fa in realtà clic sui banner, ma le agenzie pubblicitarie continuano a sostenere che la creatività è l'unico requisito necessario per generare reazioni di una certa entità nel pubblico. Penso che spesso, invece, queste agenzie abbiano deluso le aspettative degli inserzionisti perché non sono riuscite a comunicare ai consumatori qual era il messaggio o cosa fa o come funziona un determinato prodotto o perché dovrebbe essere acquistato. Da un punto di vista tecnico, non consiglio di utilizzare fotografie dove è invece sufficiente un'illustrazione, che occupa meno memoria. In alternativa, suggerisco di creare un banner interattivo, se possibile, trasformandolo in un gioco o in qualsiasi cosa capace di coinvolgere l'utente in modo innovativo e divertente. È inoltre fondamentale assicurarsi che il messaggio sia coerente: spesso un banner viene creato e disegnato da un'agenzia Web e, pur essendo bello, non raggiungerà l'obiettivo prefissato se non è coerente con altri mezzi. È un imperativo che le agenzie Web e quelle tradizionali comunichino e si scambino informazioni nella fase di pianificazione di una campagna pubblicitaria, coordinando gli sforzi e gli obiettivi sia on-line sia non on-line.

Secondo la sua opinione, quali sono le principali sfide per lo sviluppo e la crescita che il settore della pubblicità on-line si trova ad affrontare nell'ambito del mercato corrente?

Credo che si stia arrivando a una fase in cui inizieremo a valutare il successo di una campagna pubblicitaria con unità di misura diverse dalla frequenza di *click through*. Intendo dire, come è possibile "misurare" il successo di pubblicità che non richiedono interazione, come un poster? Come è possibile sapere se il pubblico si ricorderà di quella pubblicità e se deciderà di effettuare l'acquisto? È arrivato il momento in cui le agenzie dovranno iniziare a preparare i clienti a una percentuale di *click through* più modesta, sforzandosi di ideare un altro modo per valutare il successo.

TESTO B
Quali sono i "suggerimenti ad hoc" o le "regole d'oro" che applicherebbe a una campagna pubblicitaria on-line?

Deve essere chiaro ciò che si desidera raggiungere. Spesso si vedono pubblicità rivolte a un target group troppo vasto: ad esempio, se il marchio è destinato alle donne che diventano madri, pubblicare la pubblicità in siti dedicati in modo generico alle donne non significa automaticamente raggiungere l'obiettivo prefissato. In questo caso, la scelta più appropriata sarebbero stati siti per genitori.

Inoltre, se si sceglie di utilizzare i banner, è un errore cercare di riempire tutto lo spazio con valanghe di messaggi. I banner migliori sono quelli che hanno una singola frase chiara insieme al logo del marchio e che ti sfidano a saperne di più. Contemporaneamente è importante ricordare che ci si sta rivolgendo a degli esseri umani e non a delle macchine: i banner che dicono "cliccate qui" su qualsiasi cosa immaginabile non tengono conto di questo. Forse servono a incrementare il numero di utenti che visitano un sito, ma questo non può essere il principale obiettivo da raggiungere in quanto il potenziale acquirente non è ancora un cliente.

Secondo la sua opinione, quali sono le principali sfide per lo sviluppo e la crescita che il settore della pubblicità on-line si trova ad affrontare nell'ambito del mercato corrente?

Penso che si sia giunti a una fase in cui i clienti non chiedono più: "Come possiamo utilizzare il Web per diventare ricchi in breve tempo?". La domanda più frequente è invece: "In che cosa siete specializzati? Come potete aiutarci a raggiungere i nostri obiettivi strategici? Cercate di convincerci". Ho aspettato che arrivasse questo momento e che l'attenzione si spostasse dagli effetti sensazionali e dalla creazione di veri e propri imperi commerciali alla qualità del servizio offerto. Le persone oggi desiderano veramente sapere che cosa possiamo offrire loro e quali mezzi utilizziamo nella realizzazione dei nostri servizi.

TESTO C
Quali sono i "suggerimenti ad hoc" o le "regole d'oro" che applicherebbe a una campagna pubblicitaria on-line?

Ultimamente, a mio parere, buona parte della pubblicità on-line non riesce a generare l'effetto desiderato perché designer e inserzionisti sono completamente assorbiti dalla creazione di banner pubblicitari invece di concentrarsi e di soddisfare l'obiettivo commerciale: vendere. Quali sono le necessità del cliente/prodotto? Quale scopo si sta cercando di raggiungere? Sono queste le domande alle quali è innanzitutto necessario rispondere. Non si può ascoltare una pubblicità stampata, non si può animare un cartellone e non si può ottenere accesso immediato ai servizi dei marchi dei prodotti attraverso la radio, quindi perché la corrispondente versione on-line dovrebbe utilizzare gli stessi identici dispositivi per generare una reazione da parte del pubblico? Le singole considerazioni che includono la dimensione interattiva, l'utente, la velocità di trasferimento, la coerenza e la specificità dei contenuti e i servizi su misura, sottolineano il fatto che i marchi on-line non dovrebbero mai essere un semplice "messaggio registrato" da parte dei mezzi pubblicitari non on-line.

Secondo la sua opinione, quali sono le principali sfide per lo sviluppo e la crescita che il settore della pubblicità on-line si trova ad affrontare nell'ambito del mercato corrente?

Attualmente è stata molto gonfiata la "morte" del banner. Si tratta semplicemente di una notizia falsa: la pubblicità on-line, che include molti altri tipi di annuncio pubblicitario, continua a essere il modo più economico ed efficace per far giungere il proprio messaggio al pubblico. Nel frattempo, sistemi di registrazione e controllo sempre più avanzati, consentono di comprendere il comportamento dei clienti in relazione alla pubblicità on-line e di sfruttare tale informazione in modo vantaggioso. La combinazione di sistemi di registrazione del clic, uniti alla vasta gamma di tecnologie di multimedialità stanno rendendo questo settore più che mai stimolante, consentendoci di ottenere risultati sempre migliori.

(adattato da "Consigli di esperti" Advantage.msn.it)

1	Una campagna pubblicitaria è efficace quando c'è uniformità di messaggio tra i diversi mezzi di comunicazione adottati
2	La pubblicità on-line deve focalizzare l'attenzione sulla fetta di mercato a cui è rivolto il prodotto
3	Bisogna puntare maggiormente sull'identificazione dei bisogni del cliente in relazione al prodotto
4	Il banner che può diventare un gioco attira il cliente
5	Le agenzie devono trovare nuove modalità per verificare la riuscita di una campagna pubblicitaria
6	I banner devono essere sintetici e mirati, lo scopo è acquisire clienti e non aumentare il numero delle cliccate
7	La pubblicità on-line ha il vantaggio di sfruttare in sinergia diverse modalità di comunicazione
8	Oggi la tecnologia informatica permette di analizzare in modo dettagliato la relazione tra cliente e pubblicità on-line
9	Le agenzie di servizi di pubblicità on-line devono rispondere al cliente garantendo un'offerta di alta qualità

Tanti sono i modi per fare pubblicità innovativa.

Svolgi il compito seguente.

I. Parlare

Sei stato assunto da poco tempo da una grande azienda italiana (settore a scelta) che vuole esportare i prodotti nel tuo Paese.

La direzione ti chiede di illustrare come viene percepita la pubblicità dai tuoi connazionali e quali, secondo te, sono i canali di comunicazione più adatti per pubblicizzare il prodotto nel tuo Paese.

Esponi quanto richiesto alla direzione descrivendo anche alcune campagne pubblicitarie innovative che nel tuo Paese hanno avuto un forte impatto sul pubblico.

Prepara un monologo (5 minuti ca.) ed esponilo all'insegnante e ai compagni.

L. Scrivere

La pubblicità a volte riesce ad imporre nuovi prodotti e a creare nuove esigenze per i consumatori.
Nel grafico riportato di seguito si può osservare l'andamento del mercato interno italiano di prodotti
alimentari che fino a 25 anni fa non facevano parte della tipica tradizione alimentare italiana: lo yogurt
e i dessert a base di latte.
Commenta il grafico che illustra le quote di mercato di questi prodotti dal 1990 al 1992 suddivise tra alcune
grandi multinazionali e aziende locali italiane.

Descrivere e commentare il grafico (massimo 100 parole).

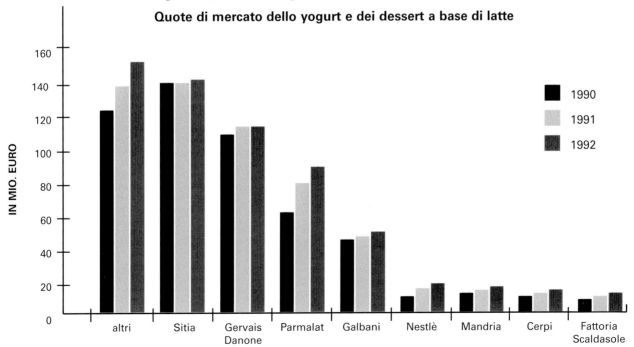

Tutto sommato possiamo dire che il campo della pubblicità e del marketing è sicuramente un settore professionale ricco di soddisfazioni.

Di seguito ascolterai le parole di una nota copywriter italiana che parla della sua esperienza professionale.

Ascolta l'intervista e svolgi il compito richiesto.

M. **Ascoltare** e comprendere

Ascoltare l'intervista due volte.
Indicare con X la lettera A, B o C corrispondente all'affermazione corretta fra le tre proposte.

1. Daniela Locatelli afferma che
    - [ ] **A** la laurea in filosofia ha rappresentato un ostacolo per la sua carriera da copywriter
    - [ ] **B** il motivo che le ha fatto abbandonare il lavoro da insegnante era la bassa retribuzione
    - [ ] **C** la sua creatività ha risentito positivamente della sua formazione universitaria

2. Secondo Daniela Locatelli
    - [ ] **A** i pubblicitari sono costretti a reprimere la propria ispirazione artistica
    - [ ] **B** i pubblicitari possono esprimere la propria creatività entro certi limiti
    - [ ] **C** molti pubblicitari hanno un passato di scrittori o di pittori creativi

3. In passato
    - [ ] **A** il pubblicitario preferiva lavorare da solo piuttosto che in un'agenzia
    - [ ] **B** c'era forte competitività tra pubblicitari di una stessa agenzia
    - [ ] **C** diverse agenzie collaboravano tra di loro per realizzare grandi progetti

4. In questi ultimi tempi la pubblicità
    - [ ] **A** punta al rispetto del consumatore e alla veridicità dei messaggi comunicati
    - [ ] **B** cerca nuove strategie di comunicazione come l'organizzazione di spettacoli
    - [ ] **C** crea campagne di informazione contro il modello sociale del consumismo

E per finire vediamo come te la caveresti tu nell'elaborare un messaggio promozionale per un prodotto.

Il testo che segue è la descrizione e promozione di un prodotto assicurativo per le imprese.

N. **Grammatica** e lessico

Completare il testo. Inserire la parola mancante negli spazi numerati. Usare una sola parola.

L'ASSICURAZIONE GLOBALE

CHE COS'E'
Un prodotto assicurativo di nuova concezione, destinato alle aziende e strutturato in modo da offrire
più prestazioni in un' unica polizza.

A CHI INTERESSA
Ai titolari di aziende piccole e medie cui garantisce una copertura globale e personalizzabile.

Coprire il maggior (1) _____ possibile di rischi con un'unica polizza, ottimizzando
scadenze e costi e riducendo drasticamente le (2) _____ di tempo, piacerebbe a tutti.
A questa esigenza la nostra assicurazione (3) _____ con prodotti di ultima generazione,
studiati per quelle piccole e medie aziende che in Italia rappresentano di (4) _____ lunga
la tipologia più diffusa.

Aldilà degli aspetti tecnici, questi prodotti sono innovativi già dalla formula.

Rappresentano infatti un passo concreto in (5) _____ della trasformazione dell'assicuratore
da venditore di polizze a consulente, che assume (6) _____ confronti del cliente le funzioni
assolte nella grande azienda dal risk manager: analisi delle possibili aree di rischio e individuazione dei
prodotti idonei a prevenirli, nel (7) _____ di leggi e norme.

Nel predisporre prodotti di assicurazione globale (questo il loro nome tecnico) la nostra compagnia ha
(8) _____ alcuni criteri fondamentali: ampiezza della copertura, semplicità di formulazione
e flessibilità, per consentire (9) _____ sottoscrittore di personalizzare il prodotto base,
in termini di garanzie e di costi.

Il prodotto tipo si articola quindi in più sezioni che assicurano contro (10) _____ i rischi
ipotizzabili nell' ambito delle attività produttive:
furto, incendio, responsabilità civile, danni alle apparecchiature elettroniche, rottura di cristalli, tutela
giudiziaria. (…)

(da "Mark-up" , Luglio / Agosto 2000).

Una prova d'esame

Comprensione della lettura

Prima Parte

A.1

Leggere i tre testi.
Scrivere accanto alle informazioni 1-9, nell'apposito ☐, la lettera corrispondente al testo
cui le informazioni si riferiscono.

A

L'ammontare delle frodi nel credito on-line raggiungerà, entro la fine dell'anno, i nove miliardi di dollari, nell'ambito di un tasso di crescita del 600% del totale delle 'cyber frodi' negli ultimi due anni.

Secondo un sondaggio della National Consumer's League, più del 43% dei consumatori on-line statunitensi teme che il proprio numero di carta di credito venga rubato, perciò la NCL invoca carte di credito che rendano più sicuri gli scambi on-line. C'è qualche considerazione da fare: i numeri delle truffe tramite clonazione, contraffazione e furto della carta, sono indubbiamente in aumento, ma sono cifre da relativizzare se consideriamo i danni rispetto ai fatturati on-line che sono nell'ordine di miliardi. I dati in nostro possesso sono inoltre contrastanti nei trend e nelle dimensioni e ci fanno riflettere sul fatto che il mondo della rete, strettamente legato ad un progresso tecnologico caratterizzato da grande velocità, è destinato ad essere un campo minato per ogni tipo di previsione.

Immediato è il confronto con la situazione italiana, dove il problema delle frodi legate al commercio elettronico è ben lungi dall'esplodere, essendo tale pratica solo agli inizi da noi, per il grado non elevatissimo di alfabetizzazione informatica.

In terzo luogo, è da notare come il post "11 settembre" stia condizionando certe procedure: la riduzione della privacy colpirà innanzitutto le comunicazioni telefoniche e digitali, portando a inevitabili ripercussioni, invisibili agli utenti, nel monitoraggio di dati nella rete. Tale giro di vite che per un verso abbatterà le conquiste democratiche di anni, sarà dall'altro un' efficace strategia contro le frodi informatiche.

(adattato da Marcello Berlich – epanews)

B

Pagare con le carte di credito sta diventando una consuetudine diffusa anche in Europa. E malgrado non si siano ancora raggiunti i livelli degli Stati Uniti, la moneta di plastica è oggi utilizzata, nel vecchio continente, nel 40% circa dei pagamenti, contro il 10-15 % di pochi anni fa.

Lo rivela una recente indagine sull'evoluzione dei sitemi di pagamento, che mette in luce, tuttavia, numerose differenze tra un paese e l'altro. L'Italia è per esempio in fondo alla classifica in quanto l'utilizzo del contante interessa ancora quasi l'80 % dei pagamenti.

La ricerca evidenzia che in Europa l'utilizzo di carte di debito, con accredito automatico, è maggiore rispetto a quello di credito, con addebito mensile, ma in Italia le due tipologie si dividono quasi equamente il mercato.

Infine, con uno sguardo alle categorie merceologiche, pagare con le carte di debito o di credito è diventata ormai un'abitudine consolidata in Europa, in media, presso hotel (con il 45 %), agenzie di viaggi, autonoleggi e compagnie aeree (con il 40 %) e stazioni di rifornimento.

(adattato da Italia Oggi – maggio '03)

C

Al posto della carta di credito che ha fatto conoscere agli italiani la comodità della moneta di plastica, la Carta Sì, vengono oggi lanciate card con servizi su misura dai nomi fantasiosi: di credito, debito, revolving, o a ricarica e soprattutto fatte in casa. Un salto di qualità che è però anche un azzardo organizzativo in quanto, quando una banca decide di lanciare una carta alternativa, deve mettere in conto anche costi e gestione. Ma questo aspetto non sembra scoraggiare le banche più intraprendenti. "Il mercato chiede qualcosa di più, specialmente per fasce di clientela più sofisticata. Oggi prevale la necessità di personalizzare il prodotto" spiega il responsabile di Consum.it. "Macchè, più che un business per le banche è solo un problema di immagine" ribatte il responsabile del marketing di Carta Sì.

Per gli italiani la corsa alle carte di credito non è finita: l'Italia è infatti ancora agli ultimi posti in Europa per l'utilizzo della plastic money. Forse per paura delle truffe?

Ma le truffe sono meno di quanto si pensa: in Italia le frodi non superano lo 0,005 %, ma gli emittenti puntano ad eliminare anche questo margine. Master Card, per esempio, sta sperimentando un nuovo sistema di controllo della banda magnetica in grado di verificare immediatamente eventuali contraffazioni e ad aumentare la sicurezza verranno anche i microchip inseriti nelle card e un nuovo tipo di lettore card.

(adattato da Stefano Lavori -Capital – giugno '03)

101

1. Le perdite reali dovute alle frodi in rete devono essere viste anche alla luce delle entrate del business nello stesso ambito ☐
2. La nuova diversificazione delle carte di credito comporta uno sforzo economico e una solida struttura all'interno degli istituti bancari ☐
3. Gli istituti di credito stanno sperimentando nuove tipologie di carte destinate a target con esigenze particolari ☐
4. In Europa l'utilizzo delle carte bancarie elettroniche è aumentato notevolmente in pochi anni ☐
5. L'utilizzo delle carte di debito e credito in Italia raggiunge la stessa percentuale ☐
6. Gli europei utilizzano maggiormente la moneta di plastica quando viaggiano ☐
7. Per evitare frodi le carte del futuro saranno ancora più evolute tecnologicamente ☐
8. Non si sa ancora cosa avverrà nel mondo della rete ☐
9. Il controllo sempre più specifico dei dati personali degli utenti della rete porterà ad un aumento della sicurezza ☐

Seconda Parte

A.2

Leggere attentamente il seguente testo.
Completare il testo. Inserire negli spazi numerati la parte di testo mancante scegliendola tra quelle sottoelencate. Trascrivere in ogni spazio la lettera corrispondente alla parte scelta.
Una sola è la scelta possibile.

Le non profit, associazioni senza scopi di lucro, hanno da alcuni anni enorme successo in Italia. Sono associazioni che lavorano principalmente nel terziario, esprimono integrazione culturale e sociale, offrono servizi alla persona _____ (1) e chi vi lavora ha un'alta motivazione. Ma come si fa per fondarne una? Per poter creare una associazione senza fini di lucro _____ (2), ma è comunque meglio che tutto venga fatto in _____ (3). Pertanto è bene che esista uno statuto ed un atto di costituzione, anche se tutto può avvenire _____(4). E' sufficiente redigere gli atti _____ (5) (rispettando i margini e la leggibilità dell'atto) in almeno due esemplari, riunirli in un unico fascicolo, e applicare una marca da bollo _____ (6). Quindi fare un versamento di Euro 130 con il modulo F23, presso qualunque banca, _____(7) di zona. Fatto il versamento si va all'ufficio del registro dove, _____ (8) (reperibile in loco) e allegando copia della ricevuta del modello F23, si provvede al deposito per l'annotazione dell'atto: a questo punto l'associazione _____ (9). Passo successivo sarà quello di _____(10). Bisogna sempre compilare un modello di richiesta per assegnazione di numero di partita Iva da presentare quindi ad un apposito sportello presso l'Ufficio Iva di zona che _____(11). E' bene portare all'atto della richiesta una copia dello statuto e della ricevuta dell'ufficio del registro.

(adattato da Domenico Pasquini www.assofisco.it)

A rilascerà immediatamente il numero

B maniera chiara, sintetica e, possibilmente, economica

C non sono richieste formalità particolarmente complesse

D previa compilazione della modulistica

E da Euro 10 ogni quattro fogli

F che prevede una tassa pari a

G che altrimenti lo Stato non sarebbe in grado di erogare

H è legalmente costituita

I su carta uso bollo o anche bianca

L indicando la casuale e l'ufficio competente

M dotarsi di un codice fiscale e di una partita Iva

N con un numero massimo di soci

O senza la necessità di ricorrere al notaio

Terza Parte

A.3

Leggere il testo. Indicare con X la lettera A, B, o C corrispondente all'affermazione corretta fra le tre proposte.

Il momento in cui il telelavoro entrerà nelle aziende, a cambiare le nostre vite, è arrivato. (…)

I motivi per accogliere favorevolmente il telelavoro non sono da sottovalutare: si consideri già solo il vantaggio di non dover più sottoporsi allo stress del pendolarismo, di evitare il nervosismo da ingorgo cittadino di mattina, di non doversi più vestire in modo formale per recarsi in ufficio.
A questo corrisponde la possibilità di potersi gestire autonomamente il carico di lavoro, secondo i tempi più consoni ai propri ritmi. Questa tecnologia permette quindi di adattare il lavoro alle diverse caratteristiche di ogni individuo.

Seguendo queste riflessioni si è affermato che il telelavoro non rappresenta una rivoluzione tecnologica, ma umana: la possibilità, secondo i suoi sostenitori, di superare l'innaturale divisione tra vita lavorativa e domestica. Certamente poter lavorare a casa permette di passare più tempo con la famiglia e di accudire i figli: è proprio per questo che lo stereotipo vuole che il telelavoro sia un'opportunità più "femminile".
Di conseguenza diverso è l'atteggiamento che hanno uomini e donne nei confronti di questo strumento.
Queste ultime temono infatti che il telelavoro le riporterà al ruolo di casalinghe che svolgono un lavoro di second'ordine. (…)

Rilevanti sono i cambiamenti, soprattutto culturali, per quanto riguarda la gestione delle risorse umane: i manager dovranno essere sempre più capaci di giudicare i propri collaboratori non basandosi sulle ore trascorse in ufficio, ma facendo molto spesso esclusivamente riferimento al confronto tra obiettivi e risultati, la cui negoziazione diventa molto più delicata. Mantenere un rapporto a distanza conduce inoltre alla rinuncia ad un controllo diretto, e impone l'uso prevalente di meccanismi basati sulla fiducia. Dall'altra parte a colui che lavora da casa, il quale gode di maggiore autonomia nello svolgimento dei suoi compiti, sono richieste doti sempre più distintive di comunicatività interpersonale e di capacità organizzative.

Non è tutto oro quello che luccica però: il telelavoro offre nuove opportunità ma pone nuovi problemi. Numerose discussioni riguardano la questione della sicurezza del dipendente: l'azienda dovrà preoccuparsi che lo svolgimento del lavoro anche da casa si svolga in condizioni idonee. Ma come farlo? La soluzione più agevole appare una supervisione dei luoghi dove sono situate le apparecchiature informatiche messe a disposizione dall'azienda. E' ammissibile un'intrusione così palese nella privacy delle abitazioni dei propri dipendenti? Alcuni propongono di risolvere il delicato problema attraverso una checklist che indichi come deve essere sistemata la postazione di lavoro nella casa; ma certamente questa è una soluzione che alleggerisce l'azienda da diversi adempimenti, obbligandola semplicemente a fornire raccomandazioni e senza che si possa avere la certezza che queste ultime non cadano nel dimenticatoio. (…)

Per quanto riguarda invece la gestione del lavoro, estendere questa pratica vuol dire per l'azienda rinunciare ad un importante meccanismo di coordinamento rappresentato dalle interazioni informali tra i dipendenti. E' vero che le telecomunicazioni utilizzate dal telelavoratore, quali la videoconferenza, il telefono, la posta elettronica, permettono di mettersi in contatto in ogni momento con gli altri collaboratori, ma l'uso di questi strumenti in qualche modo formalizza ogni rapporto, eliminando quell'amalgama di confidenze, di confronto, eventualmente di scontro, che si crea in un rapporto diretto con gli altri, e che spesso è la variabile di successo di un progetto seguito da un gruppo di persone.

Dal punto di vista del complessivo know-how aziendale, una svolta verso il telelavoro significa avvalersi sempre più delle capacità analitiche dei collaboratori, e meno della creatività individuale. Poter lavorare nella pace e nell'accoglienza della propria casa permette di scegliere i momenti di concentrazione, senza essere stressati dai tempi, dalle richieste mentre si sta riflettendo su un problema o quando si analizza un documento. La soluzione innovativa però, la possibilità di guardare le questioni da un punto di vista diverso, è probabilmente proprio il frutto dei continui stimoli dell'ambiente lavorativo e degli input del "mondo esterno".

Questo ci porta a considerare l'aspetto che più di ogni altro forse spaventa di questa rivoluzione: l'inevitabile senso di isolamento che suscita l'idea di lavorare stando in casa. E' un timore che è confermato dall'esperienza di coloro che hanno già sperimentato il lavoro virtuale. L'ufficio è infatti un luogo non solo per lavorare, ma anche per socializzare. Per questo gli esperti dicono che per superare il senso di isolamento e adattare la propria vita ai mutati ritmi siano necessari almeno sei mesi, durante i quali si rende necessario un ripensamento in parte della propria quotidianità. Dopo questo periodo, però, stando ad un'indagine sui telelavoratori IBM, circa l'80% di loro si dichiara soddisfatto. E' un ottimo risultato, se pensiamo che il successo degli esperimenti di telelavoro dipende essenzialmente dal senso di responsabilità e dal grado di motivazione dei dipendenti.

104 (di Barbara Quacquarelli – tratto da www.sdabocconi.it/ticonzero)

1 Le donne pensano che il telelavoro
- ☐ A   rappresenti un'opportunità per avere più tempo libero da passare con i figli
- ☐ B   rischi di diventare un lavoro poco riconosciuto perché svolto in casa
- ☐ C   sia un'organizzazione del lavoro che si adatta bene sia a uomini che a donne

2 Con l'introduzione del telelavoro i manager si dovranno abituare
- ☐ A   a giudicare i propri collaboratori in base a parametri non usuali
- ☐ B   a dare fiducia ai collaboratori che dimostrano capacità organizzative
- ☐ C   a studiare dei metodi per tenere sotto controllo i collaboratori

3 Il problema della sicurezza dei dipendenti
- ☐ A   non è risolvibile a causa della rigorosa legge sulla privacy
- ☐ B   è un punto sul quale ancora si sta discutendo
- ☐ C   non riguarda la responsabilità diretta delle aziende

4 L'introduzione del telelavoro
- ☐ A   evita che i dipendenti perdano tempo in chiacchiere informali durante l'orario di lavoro
- ☐ B   fa perdere all'azienda il valore aggiunto rappresentato dal rapporto umano tra i dipendenti
- ☐ C   permette ai dipendenti di familiarizzare con nuove tecniche di comunicazione come la videoconferenza

5 Con l'introduzione del telelavoro
- ☐ A   un dipendente può rivalutare la tranquillità e il silenzio di casa sua
- ☐ B   i dipendenti possono svolgere solo compiti che richiedono capacità analitiche
- ☐ C   si rischia di affrontare le questioni aziendali sotto un'unica prospettiva

6 Un'indagine svolta sui telelavoratori IBM ha dimostrato
- ☐ A   che la quasi totalità dei lavoratori supera in breve tempo la sensazione di isolamento
- ☐ B   che una minima parte dei lavoratori chiede di ritornare a lavorare in ufficio
- ☐ C   che il contratto di telelavoro deve prevedere un periodo di prova di 6 mesi

Ascolto

Prima Parte

B.1

Ascolterete un'intervista.
Completate le note scritte con le parole mancanti.
Ascolterete il testo due volte.

1. Nel 1996 il 30% delle imprese industriali italiane risultava ....

   La maggioranza di questo 30% di imprese presentava le seguenti caratteristiche:
2. numero di dipendenti ....
3. area geografica ....
4. settori ....
5. L'Italia è oggi al quarto posto per ....

6. L'industria italiana di macchine utensili è al quarto posto per ....

7. L'industria italiana di macchine utensili è al terzo posto per ....

8. Una ricerca stima che in Italia ci siano 3 milioni ....
9. Grazie all'informatica una media impresa può diventare ....

10. Dal 1992 a oggi sono passate da 30.000 a 150.000 le imprese italiane che ....

Seconda Parte

B.2

Ascolterete 5 persone che ricoprono ruoli direzionali in una media industria che produce lampade.
Si tratta di una riunione che ha lo scopo di introdurre alcune innovazioni nell'azienda.
Dovrete svolgere due compiti: individuare l'informazione principale espressa nell' intervento
di ognuno (compito n. 1) e individuare una richiesta fatta ai partecipanti alla riunione (compito n. 2).
Ascolterete i testi due volte.

Compito n.1

Scegliere dalla lista A-G l'informazione principale espressa nell' intervento di ognuna delle 5 persone
e trascrivere la lettera corrispondente nell'apposito spazio.

Persona n.1. _____	**A.** il sito web deve permettere anche acquisti via internet
Persona n.2. _____	**B.** cambio di target
Persona n.3. _____	**C.** il personale dovrà seguire corsi di formazione
Persona n.4. _____	**D.** il mercato all'ingrosso è ormai obsoleto
Persona n.5. _____	**E.** riorganizzazione del modello di lavoro in piccoli gruppi, nuovi macchinari
	F. i macchinari a controllo numerico sono migliori
	G. innovare, modernizzare l'azienda

Compito n.2

Scegliere dalla lista H-P una richiesta fatta ai partecipanti durante la riunione e trascrivere la lettera
corrispondente nell'apposito spazio.

	H. il personale deve comunicare cosa ritiene necessario per la sua formazione
Persona n.1. _____	**I.** esortazione a presentare nuovi piani e idee
Persona n.2. _____	**L.** si invita a partecipare in modo attivo alla discussione
Persona n.3. _____	**M.** si richiede l'assunzione di esperto web
Persona n.4. _____	**N.** il reparto del design viene invitato a presentare progetti per una linea classica
Persona n.5. _____	**O.** i sindacati non devono influenzare le trattative
	P. si invita a fissare un appuntamento tra sindacati e direzione

Terza Parte

B.3

Ascolterete un' intervista.
Indicare con X la lettera A, B o C corrispondente all'affermazione corretta fra le tre proposte.
Ascolterete l' intervista due volte.

1. **Con l'introduzione delle nuove tecnologie nella gestione delle risorse umane**
   ☐ A   sono state abolite le attività di carattere burocratico
   ☐ B   si risparmia tempo sullo svolgimento di alcune attività
   ☐ C   si aumenta il numero di persone addette all'elaborazione dati

2. **L'introduzione delle nuove tecnologie permette alla direzione della gestione delle risorse umane**
   ☐ A   di controllare meglio il lavoro svolto dai singoli addetti
   ☐ B   di focalizzare sull'aspetto umano del rapporto di lavoro
   ☐ C   di eliminare dagli archivi i dati relativi alle singole persone

3. **L'introduzione delle nuove tecnologie**
   ☐ A   ha reso superflua la figura del direttore della gestione del personale
   ☐ B   ha distribuito la responsabilità della gestione del personale su più addetti
   ☐ C   ha trasformato il ruolo della direzione della gestione delle risorse umane

4. **Con l'avvento delle nuove tecnologie le persone devono abituarsi a lavorare**
   ☐ A   condividendo le informazioni con gli altri
   ☐ B   sacrificando la propria privacy
   ☐ C   proteggendo le informazioni riservate

5. **In fase di ricerca e selezione del personale le nuove tecnologie**
   ☐ A   permettono di realizzare colloqui di lavoro on-line
   ☐ B   agevolano le procedure di reclutamento
   ☐ C   aumentano la possibilità di trovare lavoro

6. **All'interno dell'azienda Microsoft Italia**
   ☐ A   si realizzano corsi di formazione a distanza per il personale
   ☐ B   si è realizzata un'aula virtuale a disposizione di tutti i dipendenti
   ☐ C   si organizzano e gestiscono i corsi di formazione attraverso un sito

7. **La caratteristica più importante del lavoratore dell'era digitale deve essere**
   ☐ A   la flessibilità e la disponibilità al cambiamento
   ☐ B   l'elevata competenza nel campo delle tecnologie
   ☐ C   la consapevolezza di dover sempre studiare

Grammatica e Lessico

Prima Parte

C.1

Completare il testo. Inserire negli spazi numerati la forma opportuna scegliendola fra le quattro proposte. Trascrivere in ogni spazio la lettera corrispondente alla forma scelta. Una sola è la scelta possibile. Il numero (0) è l'esempio.

CORSO DI FORMAZIONE E AGGIORNAMENTO PER MANAGER E PROFESSIONISTI

NEMP Net Economy Mangement Programme
Strategie e strumenti per il nuovo scenario competitivo.

I motivi del programma

In un'economia in cui la tecnologia pervade la società e il mondo del lavoro, imponendo modelli organizzativi e scelte strategiche e gestionali, il sapere manageriale non può non comprendere anche conoscenze _____A_____ **(0)** all'Information & Communication Technology e ai nuovi modelli di business.
NEMP – Net Economy Management Programme si propone come percorso di formazione unico nel _____**(1)** italiano, rivolgendosi a manager e a professionisti aziendali che _____**(2)** approfondire la conoscenza degli innovativi scenari generati dall'evoluzione tecnologica e che desiderano comprendere _____**(3)** impatto giochi tale evoluzione sui processi e sulle strategie aziendali.
Il programma, attraverso l'analisi di casi reali e il confronto con testimoni e professionisti che operano nell'ambito dell' e-business,intende offrire le basi conoscitive e gli strumenti fondamentali per guidare il cambiamento e per _____**(4)** le opportunità offerte da un contesto in continua evoluzione.

Struttura del programma

NEMP è caratterizzato da una struttura _____**(5)** e modulare, per soddisfare al meglio bisogni formativi differenziati e per essere facilmente _____**(6)** con gli impegni professionali dei partecipanti.
Il programma si _____**(7)** in una prima fase – comune a tutti i partecipanti – composta da due "seminari fondamentali", nel corso dei quali viene _____**(8)** l'evoluzione dello scenario strategico e tecnologico e sono approfondite le opzioni strategiche caratteristiche dell'e-business.
Nella seconda fase del programma i partecipanti possono scegliere, a seconda dei propri interessi, o del proprio ambito di attività, fra due "seminari _____**(9)** ": il primo dedicato ad approfondire gli aspetti legati all'evoluzione del sistema logistico,il secondo destinato ad analizzare le nuove modalità di relazione con i clienti.

Il programma può quindi proseguire – ....(10) discrezione dei partecipanti – con la partecipazione
ad uno o ....(11) dei tre "Elective": seminari di approfondimento su questioni emergenti che riguardano
l'impatto dell' I&T nel business.

I partecipanti al seminario accedono inoltre a una Learning Room, un ambiente che integra il processo
formativo d'aula con spazi di aggiornamento e confronto on-line.
La Learning Room consente la creazione di una comunità professionale di apprendimento che accompagna
i partecipanti lungo tutto il percorso formativo e rimane attiva anche dopo il termine delle attività d'aula,
................(12) così di mantenere attivo il network tra i partecipanti.

(tratto da: ISTÙD Istituto Studi Direzionali S.p.A. "Programmi di formazione per le imprese – 2002")

0	A	legate	B	legali	C	leganti	D	legalizzate
1	A	panorama	B	settore	C	paese	D	paesaggio
2	A	pretendono	B	chiedono	C	intendono	D	sanno
3	A	quale	B	quanto	C	l'	D	quell'
4	A	riprendere	B	ricavare	C	cogliere	D	raccogliere
5	A	elasticizzata	B	flessuosa	C	flessa	D	flessibile
6	A	conciliata	B	conciliatrice	C	conciliabile	D	conciliante
7	A	articola	B	comparte	C	disgrega	D	taglia
8	A	allineata	B	delineata	C	delimitata	D	designata
9	A	argomentati	B	problematici	C	motivati	D	tematici
10	A	a	B	per	C	da	D	con
11	A	tutti	B	più	C	certi	D	qualche
12	A	lasciando	B	permettendo	C	dando	D	autorizzando

Seconda Parte

C.2

Completare il testo. Inserire la parola mancante negli spazi numerati. Usare una sola parola.

Congedi parentali, la nuova normativa fa felici mamma e papà

Di Roberto Merlini – Consulente di direzione (www.virgilio.it)

Buone notizie per le mamme e i papà italiani: il legislatore ha varato una normativa organica a sostegno della maternità e della paternità. La nuova disciplina dovrebbe garantire la parità tra genitori nella tutela dello sviluppo del bambino.

(…)

Astensione obbligatoria dal lavoro pre e post partum
Ferma _____ **(1)** la durata del periodo di assenza dal lavoro (in tutto cinque mesi), l'art. 20 della nuova disciplina consente alla lavoratrice di astenersi dal lavoro un mese prima della data presunta del parto e quattro mesi dopo, previa certificazione di non pericolosità – per la donna e per il nascituro – _____ **(2)** dal medico della ASL (Azienda Sanitaria Locale). Si tratta di un provvedimento quanto _____ **(3)** opportuno, visto _____ **(4)** nelle attività professionali e più in genere nel lavoro impiegatizio "di concetto" l'obbligo di astensione nei 60 gg. precedenti il parto rappresentava molto spesso un vincolo pesante per l'impresa e inutile per la lavoratrice.

Astensione facoltativa
Il nuovo regime dell'astensione facoltativa _____ **(5)** profondamente da quello precedente; la vecchia legge _____ **(6)** tutela delle lavoratrici madri prevedeva la facoltà di assentarsi dal lavoro per altri 6 mesi dopo la scadenza dell'assenza obbligatoria. Qui s'introduce invece una disciplina diversa, protratta nel tempo e più flessibile: complessivamente 10 mesi, anche non continuativi (da ripartire tra i due genitori) entro i primi 8 anni di vita del bambino.
Cambia la _____ **(7)** ispiratrice della norma: con la nuova disposizione il bene tutelato è lo sviluppo psicofisico del bambino, che negli anni cruciali del suo processo di crescita potrà _____ **(8)** seguito da entrambi i genitori. _____ **(9)** tutte le assenze frazionabili, anche questa _____ **(10)** di creare dei problemi organizzativi all'azienda, specie _____ **(11)** di piccole dimensioni.

(…)

Adozione e affidamento
I genitori affidatari hanno diritto all'astensione obbligatoria per un periodo di tre mesi dalla data di effettivo ingresso del bambino nella famiglia, _____ **(12)** che non abbia superato i 6 anni di età al momento dell'adozione. Il diritto all'astensione facoltativa e alle altre assenze è espressamente riconosciuto ai genitori affidatari; ma _____ **(13)** al momento dell'adozione o dell'affidamento il minore ha un'età compresa tra i sei e i dodici anni, questo diritto può essere _____ **(14)** solo nei primi tre anni dal suo ingresso nel nucleo familiare.

(tratto da www.virgilio.it)

Produzione Scritta

Prima Parte

D.1

Svolgere il seguente compito.
Commentare la tabella e i relativi grafici che illustrano i cambiamenti intervenuti dal 1997 al 2002
relativamente alla spesa media mensile delle famiglie italiane.
(circa 100 parole)

SPESA MEDIA MENSILE DELLE FAMIGLIE
Composizione percentuale

111

	1997				2002			
	Nord	Centro	Sud-Isole	Italia	Nord	Centro	Sud-Isole	Italia
Pane e cereali	3,1	3,2	3,7	3,3	3,0	3,2	3,8	3,3
Carne	4,1	5,1	5,5	4,7	3,9	4,5	5,6	4,5
Pesce	1,1	1,7	2,2	1,5	1,2	1,7	2,5	1,6
Latte formaggi e uova	2,6	2,7	3,3	2,8	2,4	2,4	3,4	2,7
Olii e grassi	0,8	1,0	1,2	1,0	0,6	0,7	0,9	0,7
Patate frutta e ortaggi	3,0	3,6	3,8	3,3	3,1	3,5	4,2	3,5
Zucchero, caffè e drogheria	1,4	1,5	1,8	1,5	1,2	1,2	1,7	1,3
Bevande	1,7	1,8	1,8	1,7	1,7	1,7	2,0	1,8
ALIMENTARI E BEVANDE	**17,7**	**20,5**	**23,5**	**19,8**	**17,1**	**18,9**	**24,1**	**19,4**
Tabacchi	0,8	1,0	1,2	1,0	0,6	0,9	1,1	0,7
Abbigliamento e calzature	6,3	6,3	7,8	6,7	6,2	6,4	8,3	6,8
Abitazione	22,5	22,8	19,2	21,7	25,9	26,5	21,1	24,7
Combustibili ed energia	5,0	4,6	4,3	4,7	5,1	4,5	4,2	4,7
Mobili, elettrodomestici e servizi per la casa	6,4	6,6	8,7	7,1	6,0	6,8	7,0	6,4
Sanità	4,6	4,1	3,9	4,3	4,1	3,2	3,5	3,8
Trasporti	15,5	14,4	14,3	14,9	14,8	14,0	13,4	14,3
Comunicazioni	1,9	2,1	2,2	2,0	2,0	2,1	2,3	2,1
Istruzione	1,4	1,3	1,8	1,5	1,0	0,9	1,4	1,1
Tempo libero, cultura e giochi	5,0	4,9	4,2	4,8	5,1	5,0	4,4	4,9
Altri beni e servizi	12,8	11,3	9,1	11,5	12,1	10,8	9,2	11,1
NON ALIMENTARI	**82,3**	**79,5**	**76,5**	**80,2**	**82,8**	**81,1**	**75,9**	**80,7**
TOTALE CONSUMI	**100,0**	**100,0**	**100,0**	**100,0**	**100,0**	**100,0**	**100,0**	**100,0**

FONTE: elaborazioni Centro Studi CONFCOMMERCIO su dati ISTAT.   (tratto da www.confcommercio.it)

Composizione della spesa media mensile delle famiglie - Italia 1997

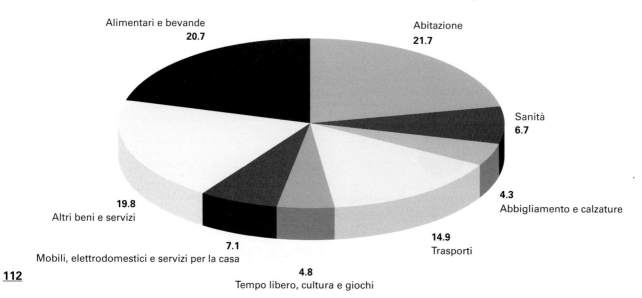

Alimentari e bevande
20.7

Abitazione
21.7

Sanità
6.7

4.3
Abbigliamento e calzature

19.8
Altri beni e servizi

7.1
Mobili, elettrodomestici e servizi per la casa

14.9
Trasporti

4.8
Tempo libero, cultura e giochi

Composizione della spesa media mensile delle famiglie - Italia 2002

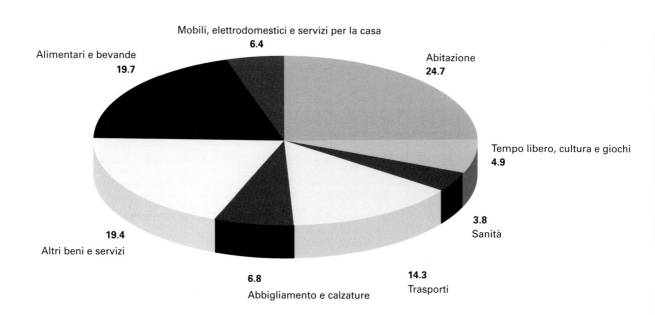

Mobili, elettrodomestici e servizi per la casa
6.4

Alimentari e bevande
19.7

Abitazione
24.7

Tempo libero, cultura e giochi
4.9

3.8
Sanità

19.4
Altri beni e servizi

6.8
Abbigliamento e calzature

14.3
Trasporti

Seconda Parte

D.2

Svolgere il seguente compito

Lei è il nuovo direttore alle vendite di una grande azienda italiana che produce casalinghi (pentole, stoviglie, posate, etc.).

Finora l'azienda ha venduto i suoi prodotti tramite il tradizionale canale di distribuzione dei rivenditori al dettaglio (negozi e grandi magazzini).

Visto che l'azienda è in continua espansione e il prodotto riscuote grande successo, la direzione generale vorrebbe sperimentare una nuova strategia di distribuzione.

Allo scopo Le chiede di esprimere il Suo parere relativamente alla scelta da operare tra i seguenti canali alternativi:
- catena di negozi monomarca in franchising
- vendita dei prodotti on-line (e-commerce)
- televendita attraverso televisioni nazionali.

Lei scrive alla direzione una relazione indicando e motivando la Sua scelta tra i tre canali di distribuzione sopra menzionati.

(da un minimo di 200 ad un massimo di 250 parole)

Produzione Orale

A. COMPITO COMUNICATIVO

Lei lavora nel Suo Paese, nella filiale di un'azienda italiana di produzione abbigliamento e da tempo vorrebbe trasferirsi in Italia.
Lei si reca dal direttore della filiale ed espone questo Suo desiderio, negoziando con lui un possibile trasferimento presso la sede centrale dell'azienda a Milano. Il direttore Le illustrerà una serie di problemi che questo trasferimento potrebbe comportare (declassamento di ruolo, riduzione dello stipendio, etc.).

B. MONOLOGO

Lei é il responsabile acquisti di una catena di supermercati in Italia.
Negli ultimi tempi, a causa del brusco aumento dei prezzi all'origine, il supermercato si é visto costretto a rincarare pesantemente i prezzi di frutta e verdura provocando di conseguenza un notevole calo delle vendite.
Nel corso di una riunione, Lei espone alla direzione generale alcune soluzioni che potrebbero ovviare a questo problema (es.: concentrare la vendita solo su prodotti biologici di alta qualità, evitare gli scarti proponendo la frutta e la verdura molto matura a prezzi stracciati, acquistare i prodotti direttamente presso le aziende agricole, evitando così l'intermediazione dei grossisti, etc.).

Trascrizione testi orali

Unità 1 - Rapporti interni all'azienda

1. B) Ascoltare e comprendere

Siamo a colloquio oggi con il Dott. Franco Viscardi, titolare di uno studio di consulenza aziendale che si occupa nello specifico di progetti di pianificazione strategica e di analisi organizzativa aziendale.

Dott. Viscardi, quali sono i motivi principali che spingono un'azienda a ricorrere ai servizi del Suo Studio? Quali risultati vogliono ottenere?
La Mission del nostro studio è quella di essere pronti a soddisfare in modo completo qualsiasi problematica di natura commerciale ed organizzativa di clientela istituzionale e privata.
Per questo motivo, abbiamo scelto di approfondire metodologie e strumenti che consentano di affrontare con il committente i problemi in modo efficace.
I risultati che si intendono ottenere sono differenti in relazione alla natura del cliente. Per i clienti di natura istituzionale i risultati sono a maggior valenza pubblica e di interesse generale. Per la clientela privata i servizi offerti tendono a rafforzare l'efficacia e l'efficienza dell'organizzazione aziendale e a valorizzare il posizionamento competitivo sul mercato di riferimento.

Quali sono i problemi di carattere organizzativo che si riscontrano più frequentemente nelle aziende italiane?
Il tessuto imprenditoriale italiano ha una sua peculiarità nei confronti del resto dei paesi dell'Unione Europea. E' composto da una moltitudine di aziende di piccole e piccolissime dimensioni, spesso a carattere familiare.
I marchi storici sono ormai di proprietà di grandi gruppi finanziari e poche aziende riescono ad acquisire importanza e forza economica di rilievo. Nel panorama appena descritto i problemi di natura organizzativa che si incontrano con maggiore frequenza sono la presenza di formule organizzative semplici, con una forte leadership ed una scarsa propensione alla delega delle responsabilità, poi una non sufficiente azione di aggiornamento e riqualificazione del personale sia a livello di direzione che di maestranze e infine una presenza non trascurabile di aziende a carattere familiare, con una scarsa capacità imprenditoriale.

E le migliori strategie per risolvere questi problemi?
Le strategie per migliorare la competitività dell'Azienda Italia ... beh... dipende da svariati fattori.
Il sistema delle aziende di piccola e piccolissima dimensione per competere correttamente sul loro mercato devono infatti investire in tecnologie innovative, in risorse umane ed in promozione.
A tale ruolo della piccola impresa si deve però associare una maggiore azione delle istituzioni a livello locale, regioni, province, comuni, comunità montane, ecc, in modo da favorire e supportare gli investimenti privati, e ciò mediante la realizzazione di infrastrutture di supporto, o per mezzo di linee di finanziamento agevolato per le imprese, favorendo così la nascita e lo sviluppo di centri di ricerca a servizio delle esigenze più svariate dell'impresa.
Riveste una elevata importanza una oculata azione di promozione del territorio, in grado di incrementare l'immagine e l'attrattività nei confronti dell'ambiente esterno.

Per una piccola – media impresa qual è il modello organizzativo più appropriato?
Non può essere identificato a priori il modello organizzativo più appropriato per una piccola e media azienda. È possibile dire che per una corretta gestione delle problematiche aziendali, occorre una sempre più elevata professionalità e questo partendo dalla base per terminare ai vertici. Occorre che l'imprenditore si concentri

sulle questioni realmente strategiche, quelle da cui dipende il futuro dell'azienda e non disperda il suo tempo in decisioni spesso o sempre di secondaria importanza, che tra l'altro tendono ad allungare i tempi della catena decisionale.

Ci vuole raccontare un caso emblematico di un'azienda Sua cliente?
Certo: mi trovavo nell'Hinterland napoletano in un' azienda agroalimentare che produce formaggi e salumi tagliati ed imbustati sottovuoto. Ero con l'imprenditore, una persona giovane, di circa 35 anni, molto propenso all'innovazione tecnologica ed interessato alla implementazione di un sistema di qualità aziendale nella sua azienda. Mentre parlavamo di argomenti di una rilevante importanza strategica per l'azienda, un suo dipendente viene a comunicargli che una macchina che imbustava sottovuoto era fuori uso e chiedeva l'autorizzazione per chiamare l'assistenza.
L'imprenditore risponde di no, si scusa un attimo, si mette una tuta da meccanico e scompare per tre ore!!!!!

1. F) Ascoltare e comprendere   119

Signori, buongiorno,
dunque… siamo qui riuniti per parlare del nostro sistema di qualità.
Sapete che siamo nella fase di elaborazione delle procedure interne e che quindi parliamo di attività e responsabilità che riguardano tutti noi direttamente.
Oggi mi vorrei soffermare con voi su una procedura particolarmente delicata. La procedura per la gestione degli ordini. E particolarmente vorrei analizzare le attività da svolgere quando le scorte di magazzino non sono sufficienti ad evadere gli ordini. Sapete che sono momenti delicati… che ci espongono nei confronti dei clienti.
Allora… io proporrei di lavorare in questo modo: ora vi espongo la mia idea, una traccia di procedura che mi sono preparato pregandovi di annotare i punti fondamentali.
Poi, tra una settimana, ci rivediamo e mi fate presenti le vostre osservazioni.

Allora, ritorniamo al nostro punto cruciale.

Cerchiamo di analizzare tutti i passaggi della procedura, passo dopo passo, e le responsablità coinvolte…

Allora immaginiamo…
Il commerciale riceve un ordine da un cliente. Allora che cosa fa… Primo passaggio: verifica le scorte di magazzino.
Le scorte non ci sono… o sono insufficienti e allora, secondo passaggio, manda immediatamente una richiesta scritta alla produzione. Poi ci occuperemo di fare un modulo standard per la richiesta.
Comunque nel documento dovranno essere indicati:
ragione sociale del cliente
quantità e tipo del prodotto richiesto
tempi di consegna.

Allora siamo arrivati al terzo passaggio.
Una volta che il responsabile della produzione riceve la richiesta del commerciale beh… deve subito fare una cosa fondamentale: controlla il piano di produzione.
Immaginiamo ora di proseguire la procedura nella migliore delle ipotesi, ovvero quando, rispetto al piano di produzione, risulta che ci sono tempi e condizioni per soddisfare le esigenze del cliente.

Allora…, siamo… se non erro… al passaggio numero 4… sì… siamo al quarto… dunque…
Il responsabile della produzione restituisce al commerciale la richiesta, dando il benestare per la stesura del contratto. Per benestare alla stesura del contratto intendo una firma del responsabile della produzione in calce alla richiesta.

Il commerciale per finire si occupa delle pratiche di archivio della documentazione. Allora la fotocopia dell'ordine del cliente rimane presso il commerciale. Ah... presso il commerciale rimane anche il documento di benestare ritornato dalla produzione.
L'originale dell'ordine passa invece all'amministrazione per la stesura del contratto.

Mi sembra che non abbiamo dimenticato niente... allora... naturalmente questa è la procedura possibile quando il piano di produzione permettere di evadere l'ordine. Nel corso della prossima riunione ci occuperemo invece di proceduralizzare il caso opposto... quando la produzione non è in grado di soddisfare l'ordine del cliente.
Ma questa sarà una questione più complessa, perché saranno coinvolti altri dipartimenti... l'approvvigionamento... eccetera.

Spero di essere stato chiaro. Ci rivediamo, come dicevo, tra una settimana e gradirei le vostre osservazioni.

120 1. I) Ascoltare e comprendere

1. Buongiorno e benvenuti.
   Mi chiamo Elio Marchi e lavoro in questo caseificio da 15 anni. Sono responsabile delle forniture di latte, caglio, frutta, eccetera. Il mio compito consiste nel verificare se sono conformi all'ordine d'acquisto e controllare la loro qualità, mi occupo inoltre della pesa e della distribuzione ai vari reparti interni e ho la responsabilità del controllo delle scorte. Programmo i vettori di proprietà dell'azienda, e gestisco anche la restituzione ai fornitori.
   Questo significa che dovrete sempre rivolgervi a me se notate che qualcosa non va o avete suggerimenti da fare relativamente agli ambiti che ho menzionato. Credo di avere detto tutto... passo la parola al collega.

2. Per prima cosa vorrei dare il mio caldo benvenuto ai nostri nuovi colleghi e augurare a tutti i presenti una buona collaborazione futura. Mi chiamo Renzo Sabatini e sono responsabile del processo di trasformazione della nostra materia prima, della lavorazione del prodotto, del suo confezionamento e anche del controllo della qualità, sono inoltre addetto alla gestione degli impianti e alla manutenzione. Da pochi mesi abbiamo introdotto dei nuovi macchinari più rapidi e moderni che permettono un aumento di produzione del 20% per il prodotto yogurt e del 15% per gli altri prodotti caseari.
   Questo comporta alcuni mutamenti strutturali nella nostra organizzazione aziendale di cui parleremo fra breve. Anche per questo motivo era necessario provvedere ad un aumento del personale di cui voi siete l'esempio.

3. Buongiorno sono Sandra Banaletti responsabile dell'elaborazione e organizzazione degli ordini, della programmazione delle spedizioni e della gestione dei vettori di consegna. Ecco, che altro, ...sì,...
   Il mio reparto si trova oggi ad affrontare un problema che ha urgente bisogno di una soluzione: a fronte dei nuovi macchinari e alla conseguente crescita di produzione positiva per tutti, ci troviamo con uno spazio per le scorte non in grado di rispondere alle nuove esigenze.
   Eh,... noi abbiamo già alcuni preventivi per le spese di ristrutturazione e ampliamento e oggi vogliamo discuterli insieme.
   Benvenuti anche da parte mia.

4. Sono contento di avere l'occasione di conoscere i nuovi colleghi, e do loro il mio benvenuto.
   Mi chiamo Franchi, Mario Franchi e mi occupo dei contatti con le agenzie pubblicitarie, gestisco il budget relativo e decido le percentuali da investire nei diversi canali di pubblicità, ehm....per esempio in tv, in cartellonistica, nelle riviste e in Internet.
   E poi decido in merito al tipo di distribuzione che meglio si adatta alla nostra azienda, ai grossisti, alle aree geografiche e alle linee di prodotto.

Quest' anno abbiamo avuto problemi con la concorrenza che è aumentata nel nostro settore e anche nel nostro target, abbiamo però fatto una buona campagna promozionale e siamo convinti di aver giocato delle buone carte.

5. Buongiorno sono Fabrizio Rocchetti. Il mio compito consiste nel mantenere e migliorare il valore del prodotto tramite una serie di attività correlate. Mi occupo di ritirare i prodotti non venduti, gestisco i reclami, organizzo e eseguo l'addestramento dei clienti intermedi e uhmm....beh! ultimamente ho un'attività particolarmente divertente: inserisco le ricette nelle confezioni.
Anche se un'analisi statistica approfondita si avrà solamente tra qualche mese, possiamo però già con certezza sostenere che da quando è stata introdotta la nuova tecnologia sono diminuiti i reclami al nostro reparto, evidentemente questo ha anche apportato un miglioramento della qualità della filiera. Do anch'io il mio caldo benvenuto ai nuovi colleghi e sono a loro disposizione per qualsiasi dubbio. Basta che non siano reclami... ehh!

121

Unità 2 - Il Mercato internazionale

2. E) Ascoltare e comprendere

Dottor Rogetti, buongiorno, e grazie per averci concesso un po' del Suo tempo prezioso.
Dunque... Lei si occupa da anni di strategie di internazionalizzazione per le aziende italiane.
Innanzitutto, quando si parla di internazionalizzazione delle imprese, che cosa si intende?
A differenza di quello che intendono molte aziende italiane per internazionalizzazione, e cioè solamente esportare, quindi vendere all'estero, per internazionalizzazione invece si intende... prendere coscienza da parte degli imprenditori della cultura del paese dove si vuole operare.
Secondo... internazionalizzazione significa non solo vendere, ma significa fare Joint Venture con partner locali, significa delocalizzazione produttiva e soprattutto conoscere la normativa, gli usi e le tradizioni del paese in cui si vuole operare.

Ci sono dei paesi stranieri in cui le aziende italiane preferiscono spingersi e perché?
La risposta può essere articolata perché... se un'azienda vuole produrre, vuole una delocalizzazione produttiva, spinge in paesi dove la manodopera costa poco.

Ad esempio?
Ad esempio Far East e i paesi dell'Est. Se un'azienda vuole spingere invece la commercializzazione dei prodotti... spinge... opera in quei paesi dove il PIL, cioè il Prodotto Interno Lordo, è molto alto, il reddito pro capite è molto alto, cioè c'è una spinta ai consumi, in poche parole, e quindi in America del Nord e in Europa.

Quali sono le strategie con cui le aziende italiane si presentano all'estero?
Purtroppo noi... cioè... le strategie tipiche sono quelle delle Joint Venture.. cioè società miste tra aziende italiane e aziende locali. L'azienda italiana mette know how e tecnologia, l'azienda locale mette conoscenza del territorio e del mercato e dei sistemi di vendita.

Quali sono le maggiori insidie per le aziende italiane che vogliono internazionalizzarsi e quali sono i Suoi consigli per evitare i rischi?

Ma... le insidie... è la cattiva conoscenza del mercato in cui vanno ad operare. Per questo sono necessarie le Joint Venture e le società miste, perché il partner estero deve proprio svolgere questa funzione, cioè questa di coniugazione tra l'azienda italiana e il territorio dove va ad operare.
Un'altra potrebbe essere di carattere finanziario, perché andare a lavorare all'estero significa investire quattrini e quindi la volontà di investire e i mezzi finanziari sono di fondamentale importanza.

Per il futuro che cosa prevede?
L'allargamento dell'Unione Europea ai paesi dell'Est sarà occasione di investimenti per le aziende italiane o piuttosto rappresenterà un' insidia?

No... Sicuramente rappresenterà un'opportunità sia in termini produttivi che in termini di mercato, nel senso che già oggi le aziende italiane producono nei paesi dell'Est. Domani questo discorso sarà agevolato perché con l'ingresso nella UE si eviteranno dazi all'importazione e pratiche burocratiche.
E per quanto riguarda la commercializzazione, altrettanto, perché questi paesi cresceranno sotto il profilo della ricchezza e quindi saranno essi stessi consumatori dei beni prodotti.

122

2. G) Ascoltare e comprendere

Guardi, sono veramente contento che Lei si sia rivolto a me prima di iniziare un progetto di internazionalizzazione per la Sua azienda. Lei non ha idea di quante aziende italiane, soprattutto le piccole, vogliano iniziare ad esportare senza avere la minima idea delle agevolazioni pubbliche in questo ambito.
E allora cosa fanno? Vanno in giro per le fiere... cercano clienti in giro per il mondo. Investono di tasca propria per poi, magari, non avere il minimo ritorno.
E invece le agevolazioni sono tante. Basta conoscerle.
Allora... io Le illustrerei le leggi più importanti che regolano queste agevolazioni. Poi spetterà a Lei e alla Sua direzione decidere eventualmente quale si presta maggiormente alle esigenze della Sua azienda.
Allora veniamo al primo programma.
Si tratta appunto di un programma dell'Unione Europea, la sigla è JEV che sta per Joint European Venture. Questo programma finanzia la costituzione di consorzi e joint venture transnazionali. Allora le condizioni fondamentali sono due: beh, naturalmente, essendo un programma comunitario, le aziende consorziate devono avere sede in uno stato dell'Unione Europea. E poi, attenzione a questa seconda condizione indispensabile: questi consorzi o joint venture si possono costituire solo se comprendono aziende di almeno due diversi stati dell'Unione Europea. Quindi, per farLe un esempio: se la Sua azienda si vuole consorziare con due società, una con sede in Germania e una in Francia, va benissimo.
Poi, altra legge molto interessante e che credo faccia al caso Suo, è la cosiddetta Legge Ossola.
Allora... diciamo che beneficiari diretti sono proprio le aziende straniere acquirenti. Questo perché? proprio perché gli viene concesso di pagare il fornitore italiano attraverso dilazioni ad un ottimo tasso.
Se poi la Sua azienda ha intenzione di spingersi in mercati molto lontani, allora ci sono un paio di leggi.
Ad esempio la 100/90 concede finanziamenti sempre per la costituzione di consorzi e joint venture ma questa volta, attenzione, solo con aziende di paesi extraeuropei.
La 143/98, invece, sovvenziona studi di fattibilità dei progetti all'estero, come prima cosa, e poi sovvenziona anche la partecipazione a gare d'appalto.
Poi, se vi volete avventurare nei Paesi in via di Sviluppo esiste la 212/92 che fornisce contributi a fondo perduto per progetti di cooperazione con aziende dei paesi più poveri.

Dunque... questo è il quadro generale delle opportunità. Se decidete di avviare le pratiche per accedere ad una di queste agevolazioni, fatemelo sapere. Posso aiutarvi nella compilazione delle domande.

2. I) Ascoltare e comprendere

Buongiorno Amministratore, sono venuto per spiegarLe i motivi che hanno provocato il ritardo nella produzione della collezione invernale. Beh, per cominciare dall'inizio, …ecco, …vede, …in fase di preparazione, tra maggio e fine luglio scorsi, abbiamo avuto dei problemi con la merce fornitaci dalla *Lana e Lana s.r.l.*.
In pratica i colori del filato alla consegna erano più sbiaditi rispetto a quelli del campione. Al nostro reclamo la *Lana e Lana* ha ritirato la merce e ce ne ha fornito una partita nuova, ma non c'è stato niente da fare… il difetto persisteva e …insomma… siamo stati costretti a trovare in fretta e in furia una soluzione di ripiego. Ma Lei capisce, che tutto questo ha fatto slittare le fasi di produzione.

Allora, Signor Direttore, c'è un problema con la *Giraquirr* di Milano, la ditta che ci fornisce piccoli elettrodomestici,… praticamente non riusciamo mai ad ottenere i prodotti alle date prestabilite.
Nel corso dell'ultimo anno le date previste non venivano rispettate, con notevoli disagi per noi e i nostri clienti. Una cosa del genere non è ammissibile per un centro commerciale importante e serio come il nostro. Però, come Lei ben sa, non possiamo rinunciare ai prodotti della *Giraquirr* perché sono i migliori sul mercato e quindi direi di non interrompere il rapporto con loro.
Per risolvere il problema io ho contattato un'altra ditta, la *Frullatutto,* che ci può garantire continuità nelle consegne e quindi non lasciare sfornito il nostro magazzino.

Signor Direttore qui la situazione è critica. Il problema sono i pagamenti da parte del *Caseificio Paletti.*
All'inizio erano puntuali, ma poi è stato un disastro, ho saputo fra l'altro che sono quasi sull'orlo del fallimento. Loro sono sempre più inaffidabili e quindi il problema è che a causa dei loro continui ritardi il nostro credito è aumentato fino a raggiungere livelli di guardia.
Per i pagamenti della gestione corrente abbiamo dovuto richiedere un nuovo fido alla banca.

Buongiorno Direttore, Le volevo parlare perché bisogna risolvere un problema con la ditta *Temperini.*
Gli accordi presi tra la nostra ditta e la *Temperini* erano diversi da come sono ora nella pratica.
I nostri rapporti commerciali prevedevano consegne regolari di un camion merce alla volta.
La *Temperini* ha invece finora commissionato ordini per un massimo di due pallet alla volta, e Lei sa benissimo che per l'organizzazione della nostra azienda questa quantità è purtroppo insufficiente… ehh, Lei capisce, per la logistica d'uscita è un costo aggiuntivo, ho parlato anche con la contabilità, gli utili a queste condizioni sono praticamente inesistenti.

Buongiorno Direttore, Le volevo parlare perché, dunque, con l'ultima consegna la *Dolci Freschi* ci ha annunciato un prossimo aumento per tutta la linea di prodotti dolciari e da colazione che forniscono al nostro supermercato. Bene, ne ho già parlato telefonicamente con il direttore della *Dolci Freschi*, ma non c'è niente da fare. Noi però troviamo questi aumenti ingiustificati e poi, insomma… il prodotto fra l'altro cambierebbe target e non rientrerebbe più nella tipologia di cliente del nostro supermercato. Quindi noi abbiamo dato ordine alla banca di pagare le ultime forniture della *Dolci Freschi*, perché non vogliamo rivolgerci ad avvocati, ma saranno anche le ultime: abbiamo infatti deciso di chiudere il rapporto commerciale con loro.

Unità 3 - Obblighi e opportunità

3. F) Ascoltare e comprendere

Per sfruttare al meglio le opportunità finanziarie, o quanto meno le provvidenze degli enti pubblici, siano essi enti territoriali, nazionali o comunitari..., un'azienda dovrebbe muoversi in questo modo.
Innanzitutto... mantenere un livello di informazione molto alto, nel senso che un imprenditore deve essere costantemente aggiornato su quali sono le provvidenze del momento, quindi deve sicuramente garantirsi una fonte di informazione veloce e completa. Veloce perché le provvidenze hanno una durata limitata, per cui se l'informazione arriva tardi si perde l'opportunità del finanziamento.
Un consiglio pratico per avere una fonte di informazione costante è... beh dipende dalle dimensioni dell'azienda. Una grande azienda può tranquillamente acquistarsi una banca dati con aggiornamento continuo, in tempo reale, attraverso un software di rete.
Certo, che una piccola media impresa, non potendosi forse permettere un investimento in una banca dati di questo tipo, deve necessariamente ricorrere ad altri strumenti.
Quali possono essere beh... uno è sicuramente l'associazione di categoria che per conto di tutti gli associati svolge questo servizio.
Un altro è affidarsi ad un consulente che fa questo mestiere e quindi può supplire egregiamente al fatto di non avere una banca dati.
Quindi il livello di informazione è la prima cosa che deve garantirsi un imprenditore.
Poi, una volta che sa quali sono le opportunità, deve scegliere quella che aderisce alla sua realtà.
Questo lo può fare da solo se è in grado di farlo, se ha una cultura di base ed abitudine ad adoperare questi strumenti, a volte sofisticati.
Altrimenti deve ricorrere ad un consulente che fa questo mestiere e che può garantirgli questo servizio.
Il consulente serve anche non solo a scegliere, ma anche a montare il progetto, a fare la domanda, a monitorare la risposta e rendicontare eventualmente il finanziamento, una volta approvato.
Che cosa bisogna evitare?

A mio modo di vedere bisogna evitare di montare un progetto sulla provvidenza finanziaria.
Mi spiego meglio.
Siccome c'è qualcuno che mi dà dei soldi per fare certe cose io vado a fare certe cose perché c'è la provvidenza, non perché mi serve. Quindi.... il finanziamento deve servire allo sviluppo dell'impresa.
Ma lo sviluppo è legato ad un programma, ad una strategia generale, non può essere legato ad una provvidenza finanziaria.
Quindi, se quel tipo di attività che viene finanziata non è conferente, oppure non rientra nel progetto dell'impresa, non serve a niente.
Serve solo a complicare le cose.

3. H) Ascoltare e comprendere

Gentili signore e gentili signori, buongiorno.
Sono contenta di vedervi oggi qui così numerosi. So bene che la pubblicazione di questo bando
di gara era attesa da molti di voi.
Oggi finalmente abbiamo il documento approvato dalla nostra Giunta Comunale.
Allora... questo incontro ha lo scopo di illustrarvi sommariamente i punti salienti della gara e soprattutto
di lasciare spazio alle vostre domande.
Poi per consultare il bando integralmente potrete acquistare direttamente la Gazzetta Ufficiale
della Repubblica Italiana. Allora, il numero dovrebbe essere... Sì è il numero 12 del 2.5.2002.
Se volete solo avere un estratto del bando potete andare direttamente al nostro sito internet.
Allora, veniamo al dunque.

Oggetto della gara è, credo che lo sappiate tutti, la costruzione di una palestra presso la scuola
elementare.
L'ente appaltante è il nostro Comune, quindi le offerte dovranno essere consegnate presso gli uffici
del nostro Comune.
Nel bando troverete poi tutte le istruzioni sul modo in cui dovranno pervenire le buste, ma vi dico subito
una cosa importante: dovrete fare pervenire due buste: una contenente il progetto di costruzione della
palestra e l'altra l'offerta economica.
Termine massimo per la presentazione delle offerte saranno le ore 13.00 del giorno 11.06.2002.
Mi raccomando... una condizione fondamentale: non farà fede il timbro postale. Saranno quindi ritenute
valide solo le offerte pervenute materialmente negli uffici del nostro Comune entro la data che vi ho detto.
Poi, la procedura si svolgerà nel modo seguente:
L'apertura della gara si terrà pubblicamente il giorno 15.06.2002. La sede sarà il Palazzo Municipale.
In questa sede verranno aperte le buste contenenti i progetti, che saranno poi esaminati da una
commissione tecnica del Comune.
In data 25 giugno saranno poi aperte, sempre alla presenza del pubblico, le buste contenenti le offerte
economiche.
Per l'assegnazione dei lavori l'amministrazione ricorrerà al criterio del prezzo più basso.
Visto che qui non c'è il tempo materiale per discutere in dettaglio gli altri aspetti vi rimando al bando
integrale pregandovi di analizzare con attenzione i punti seguenti:
Caratteristiche generali dell'opera edile da costruire
Requisiti minimi delle imprese che potranno partecipare alla gara
Documenti da presentare allegati al progetto.
Bene, ora lascerei spazio alle vostre domande, in ogni caso vi ricordo che fino al giorno della scadenza del
bando il personale dei nostri uffici è a disposizione tutte le mattine dei giorni lavorativi dalle 8.00 alle 12.00.
Prego... se avete domande...

3. N) Ascoltare e comprendere

Cose dell'altro mondo. Dal mese prossimo esce la nuova legge che cambia completamente il sistema di
calcolo dei contributi e delle assicurazioni obbligatorie. Questo significa non solo che il sottoscritto dovrà
starsene giorno e notte a studiare la nuova legge per cercare di capirci qualcosa, ma anche che il sistema
informatico che ci faceva fino ad oggi le buste paga è da buttare. Dovremo acquistarne uno nuovo e anche
lì... giù a studiare per imparare il funzionamento.

Dal bilancio di quest'anno risulta che abbiamo un credito IVA di 50.000 Euro... una cifra incredibile. Ho letto
da qualche parte che è possibile utilizzare questo credito IVA per pagare altre imposte, sia le imposte dirette
che i contributi per i dipendenti. In effetti ... se vanto un debito nei confronti dello stato, non capisco perchè
dovrei continuare a pagarlo! Questo ci potrebbe dare una boccata d'ossigeno, altrimenti alle prossime
scadenze dei versamenti delle imposte avremmo dovuto sicuramente fare uno scoperto in banca o
inventarci qualcos'altro.

Questa è la legge che fa per noi. La Regione assegna contributi per avviare in azienda il commercio elettronico. E' da un anno che ripeto alla direzione che non ci vuole niente per attivare le connessioni necessarie. La piattaforma è pronta, l'ho già creata su mia iniziativa lavorando giorno e notte. Basta fare un accordo con la banca...perfezionare le procedure con la logistica e poi è tutto pronto. Sai cosa significherebbe per la nostra azienda permettere ai clienti di acquistare i prodotti on-line? Significherebbe portare i nostri prodotti in tutto il mondo. E scusa se è poco...

Non ho il coraggio di dirlo alla direzione. A partire dal prossimo anno anche l'Italia si adeguerà alla nuova normativa europea sul contenimento delle emissioni nocive di metalli pesanti. Ho fatto un'analisi chimica sui nostri gas di scarico e ho avuto dei risultati sconfortanti. Non abbiamo gli impianti a norma. Sai che cosa significa per l'azienda mettere a norma tutti i sistemi di filtraggio? Io credo che saranno centinaia di migliaia di euro. Speriamo solo che le istituzioni ci vengano incontro con qualche finanziamento.

Finalmente una legge che ci può aiutare. Avevo a disposizione solo tre tecnici in laboratorio e questo cosa significava? Che loro sperimentavano i nuovi prodotti, facevano le analisi, ma in fase di progettazione ero sempre da solo. Ho sentito che la Regione, d'accordo con l'Università, assegna su richiesta delle aziende due studenti di chimica per un anno. Per fare uno stage. E tutto questo gratis. Questo cosa significherebbe? Che i ragazzi li mettiamo in laboratorio a fare il lavoro, diciamo così, manuale e io con i tre tecnici ci occuperemo solo di progettazione.

Unità 4 - Marketing e pubblicità

4. A) Ascoltare e comprendere

Sai chi ci ha fatto la pubblicità il mese scorso? Fabio Rossi, sì, il presentatore di quiz. Abbiamo fatto un passaggio di 2 minuti durante il suo programma serale "Chi vuol fare il milionario". Lui si presentava con addosso la tuta della nostra ultima collezione. Accanto a lui una bella ragazza, anche lei in tuta. Simulavano un po' di jogging insieme, poi lui si fermava e diceva quattro parole sulla qualità del nostro abbigliamento sportivo. Ti dirò, la campagna non ha avuto i risultati sperati. Forse proprio lui non era il soggetto più indicato. Che ne so, avessimo avuto a disposizione un grande calciatore, Totti... Del Piero... Ti dirò, di tute non ne abbiamo vendute né più né meno di prima.

Allora... sai benissimo che la pallavolo non è uno sport molto popolare in Italia. Ebbene, l'anno scorso la nazionale femminile ci ha chiesto un piccolo contributo e in cambio le ragazze avrebbero portato il nostro logo sulla loro tuta da ginnastica. Piccolo eh... due centimetri per quattro. Beh, non so se è arrivata fino al tuo paese la notizia, ma queste ragazze favolose hanno vinto addirittura i mondiali. E allora via interviste continue, servizi del telegiornale, servizi speciali. Beh ogni volta che accendevi la televisione in quel periodo vedevi le ragazze con il nostro logo bello in vista. Non ti dico l'impennata degli ordini nei mesi successivi!

Quest'anno per pubblicizzare i saldi ho avuto un'idea geniale. Gli anni scorsi facevo stampare una ventina di manifesti e li piazzavo in alcuni punti strategici nelle vicinanze del mio magazzino. Ma sai quanto costava? Non hai idea di quanto siano elevate le tasse di affissione in questa città. Cifre astronomiche. Invece quest'anno ho scelto la pubblicità sugli autobus.. sì, all'esterno degli autobus.

Se ci pensi, un autobus gira sempre. Prima vedevano la mia pubblicità solo gli abitanti di uno o due quartieri. Grazie agli autobus il messaggio ha girato per tutta la città. Non ci crederai ma all'apertura dei saldi c'era un sacco di gente mai vista, non solo i miei clienti abituali.

Quest'anno ci siamo affidati ad un'agenzia pubblicitaria nuova. Hanno all'interno dei creativi veramente in gamba. Invece che sulle immagini hanno puntato sulla musica. Un successo pop in voga tra i giovani. L'impatto pubblicitario si amplifica, sai perché? Perché non solo quando vedi lo spot, ma anche quando ascolti casualmente quella musica, inconsciamente la associ al prodotto.
Beh, ti dicevo… questo successo è in tutte le hit parade, si ascolta sempre nelle discoteche e sai il risultato quale è stato? Invece di vendere solo alla fascia d'età adulta, che è poi il nostro target naturale, abbiamo iniziato a vendere ai ragazzi. Sì… ragazzini di 15 – 16 anni con addosso le nostre camicie!

Non parlarmi oggi perché ho un diavolo per capello… Hai letto sul giornale di quella stupida? La presentatrice TV.. la Monica Torti.. È stata arrestata per detenzione di droga! Bella pubblicità…
Durante il suo programma ha sempre indossato abiti della nostra collezione. E non solo li sfoggiava in TV. Aveva con noi un contratto ben preciso ed era obbligata a vestire i nostri abiti anche durante le interviste, i servizi fotografici.. Bella immagine, oggi, per la nostra azienda. Sai che bisogna fare.. per scongiurare un calo delle vendite? Bisogna farci venire delle idee subito, che ne so una festa con qualche VIP… una sfilata con degli ospiti importanti…

127

4. G) Ascoltare e comprendere

Allora ragazzi,
sapete che questo nuovo cliente punta su di noi. E' grosso… paga bene… e quindi non possiamo deluderlo. Dobbiamo impegnarci tutti.
Io ora pianificherei con voi tutto quello che dobbiamo fare per partire bene.
Allora i gruppi di lavoro saranno 3, ognuno avrà la responsabilità su una specifica area di intervento.
Per prima cosa Luca e Sergio… voi due dovete occuparvi della pubblicità sui giornali.
Allora… le cose da fare subito sono due: per prima cosa contattate due quotidiani e due settimanali, mi raccomando due testate a tiratura nazionale. Poi, fatevi mandare i preventivi e la disponibilità degli spazi. I tempi ragazzi sono stretti quindi vi prego di farmi avere tutto entro una settimana.
Tu, invece, Maria dovresti occuparti del web. Il cliente vuole rinnovare il sito. Fai così… punto numero 1: scarica l'attuale sito del cliente. Punto n. 2: fai una bella analisi, e infine una relazione sui punti che non vanno, le cose da migliorare, etc. E poi me la fai vedere. Anche per te i tempi sono stretti… 10 giorni al massimo.
Anna e Stefano… è inutile che ridacchiate sotto i baffi… sapete che a voi spetta l'osso duro… Il vostro compito sarà quello di creare lo slogan.
Mi raccomando non voglio stupidaggini, non voglio cose trite e ritrite. Voglio originalità.
Vi chiedo solo una cosa: entro 15 giorni portatemi almeno 3 slogan su cui operare la scelta.
Ragazzi, conto su di voi. Grazie mille.

4. M) Ascoltare e comprendere

Innanzitutto ringraziamo la Dr.ssa Daniela Locatelli che, gentilmente, si è resa disponibile a rispondere ad alcuni quesiti inerenti la sua professione di copywriter, presso l'agenzia di pubblicità Publicis di Milano.

Tu sei laureata in filosofia, ambito di studi spesso collegato alla speculazione intellettuale "pura", paga di se stessa; invece la pubblicità, almeno nel senso comune, richiama al consumo, alla rincorsa al risultato. Come sei giunta a svolgere la tua attuale attività, alla luce di quanto detto?
Conseguita la laurea, mi sono dedicata per qualche tempo all'insegnamento; in seguito, precisamente

nell'86, poiché tale professione non mi appagava totalmente, mi sono "buttata" nel mondo della pubblicità. Ma veniamo alla questione filosofia. Non credo che la mia formazione universitaria sia in antitesi con il lavoro che svolgo. Certo, a livello di competenze specifiche non ne ho tratto benefici lampanti, ma sicuramente, grazie ad essa, ho acquisito una sorta di "taglio mentale" critico e flessibile, tratto caratterizzante della mia creatività.

A proposito di creatività... pensi che la pubblicità abbia una qualche attinenza con l'arte?

Liberiamoci dell'ideale romantico che dipinge pateticamente copywriter e art director come scrittori e pittori mancati. Detto ciò, è innegabile che anche nella pubblicità vi sia una fruizione estetica, ma nulla a che vedere con l'artista che in preda a "furia ispiratrice" imbratta la sua tela...La pubblicità è caratterizzata, per così dire, da una creatività ordinata e orientata, direi strategica poiché, voli di fantasia permettendo, bisogna, mi si scusi il gioco di parole, fare i conti con la fattibilità delle cose. Niente di più e niente di meno dell'arte come viene comunemente immaginata, semplicemente diversa...

Nel lavoro del pubblicitario conta più la creatività individuale o il lavoro di gruppo? E cosa mi dici del "fattore competitività"?

Il pubblicitario agisce all'interno di un sistema piuttosto complesso. Prima di tutto deve rendere conto a un committente, ovvero il cliente che deve vendere i propri prodotti e poi deve rivolgersi ad un pubblico ben preciso. Inoltre, non bisogna dimenticare che l'agenzia di pubblicità è costituita da almeno tre componenti che lavorano insieme: il copywriter, l'art director e l'account. Per quanto riguarda la competitività... diciamo che rispetto ai tempi passati c'è stato un notevole miglioramento, nel senso che si preferisce collaborare in modo fruttuoso, piuttosto che "farsi le scarpe". In compenso, la competitività, oggi, è molto più forte tra le diverse agenzie!

Come vedi il consumatore?

Nel nostro gergo il consumatore cui intendiamo rivolgerci viene denominato target, target che tanto più è ristretto e individuato, tanto più lo si conosce e dunque tanto meglio gli si parla. Fondamentale è non stravolgere le aspettative che il consumatore ha nei riguardi di un determinato prodotto/servizio. E' indispensabile tenere conto dell'immagine di marca. Le agenzie di pubblicità devono lavorare per mantenere una continuità concettuale negli elementi strategici di lungo periodo e, al contempo, scoprire un'innovazione creativa che presenti di volta in volta il messaggio al consumatore in nuove forme.(...)

Le pubblicità sono sempre più sofisticate, non solo dal punto di vista della spettacolarizzazione, ma anche da quello del linguaggio. Mi riferisco a "indovinelli", "giochi di parole" e affini. Credi siano efficaci?

Ostentazione ed eccesso a parte, non c'è dubbio che, se possiede al suo interno delle astuzie, delle raffinatezze, delle ironie, dell'implicito, la pubblicità ha solo da guadagnarne. Pensiamo ai giochi di parole presenti nella pubblicità dell'Esselunga... sono stati un successo.

Come si è evoluta la pubblicità negli ultimi decenni?

Negli anni Ottanta funzionavano modelli esasperatamente vincenti e rampanti, favoriti dal consumismo imperante e smaccato. Mutando l'assetto sociologico la pubblicità si è dovuta adattare alla nuova situazione. Raggiungere il consumatore è forse più difficile, ma si tenta di intrattenerlo con ironia e divertimento e, soprattutto, di non offendere la sua intelligenza con modelli troppo "luccicanti".

Chiara Razzari (27/06/2003)

(tratto da www.aziendenews.it)

Unità 5

ASCOLTO B. 1

Le nuove tecnologie svolgono un ruolo sempre più importante nello sviluppo dei principali sistemi economico-produttivi del mondo. Quali settori dell'industria italiana hanno dedicato finora maggior attenzione alle opportunità offerte dall'informatica e dalla telematica?
La situazione è molto differenziata e dipende principalmente dal settore e dalla dimensione dell'azienda. Nel 1996 uno studio in materia ha rilevato che circa il 30% delle imprese industriali italiane era all'epoca pienamente informatizzato.

Questo 30%, comunque, era costituito da imprese con più di cinquanta dipendenti e quasi tutte con sede nel Nord-Ovest del paese. Per quanto riguarda i settori, poi, i più avanzati risultavano essere quelli della chimica e dei minerali non metalliferi.

Non dimentichiamo, comunque, qualche altro dato significativo. Ad esempio se si considera il numero di robot installati nelle fabbriche, l'Italia si piazza al quarto posto, dopo Giappone, Stati Uniti e Germania. Un buon risultato, non Le pare?

In Italia c'è un settore in particolare che risulta molto avanzato per quanto riguarda il livello d'automazione. Parlo del settore delle macchine utensili che si colloca al quarto posto nel mondo per capacità produttiva e al terzo posto per esportazioni. Ci sono poi altri settori, come il tessile, ad esempio, che sono riusciti a rafforzare la propria presenza nel nostro paese grazie a un utilizzo intenso delle nuove tecnologie. Di recente è stata fatta un'ulteriore ricerca a livello europeo relativa al numero di pagine web. Beh.. si stima che in Italia ci siano ben 3 milioni circa di pagine web attive, cosa che ci pone al terzo posto dopo Germania e Gran Bretagna e prima di Francia, Svezia e Olanda.

Comunque di strada ce n'è ancora tanta da fare. L'augurio è che le imprese italiane potenzino i loro investimenti in nuove tecnologie.

In un'economia sempre più globalizzata, qual è il ruolo che giocano queste nuove tecnologie?
Secondo me sono decisive per favorire la globalizzazione delle imprese, soprattutto di quelle di minori dimensioni. Grazie all'informatica, anche una media impresa può diventare a tutti gli effetti una multinazionale. Può permettersi di dislocare i vari segmenti delle proprie attività in diverse aree economiche, riuscendo comunque a dialogare sempre in tempo reale con le varie sedi e i diversi stabilimenti.
Questa opportunità è particolarmente importante per le imprese italiane che vogliono investire all'estero e che sono impegnate in questi anni a trasformarsi in imprese globali. Pensi che dal '92 a oggi le imprese italiane che hanno rapporti con l'estero sono passate da circa 30.000 a oltre 150.000. Sono praticamente quintuplicate. La diffusione delle tecnologie informatiche diventa un fattore fondamentale per consolidare questo processo.

ASCOLTO B.2

Allora, possiamo cominciare?

Dunque, ...sapete che dopo l'improvvisa mancanza di mio padre ho preso tutto in mano io, con tutto il rispetto per l'opera portata avanti con tanti sacrifici da mio padre, sono convinto che per il futuro della nostra azienda sarà indispensabile intraprendere una serie di passi per portare nuove idee produttive e di commercializzazione, e quindi avviare una nuova era!!!

I responsabili dei diversi reparti vi illustreranno le loro proposte e saremmo lieti di un confronto a caldo con tutti voi in modo da avere un riscontro immediato.

Buongiorno. La prima innovazione che introdurremo riguarda il design. Questo significa puntare su un cliente giovane, dinamico, acculturato e un po' individualista che cerca un prodotto particolare e che è disposto a spendere un po' di più per avere un prodotto esclusivo. Direi quindi di portare ad esaurimento la nostra produzione in stile classico e puntare verso un prodotto originale, di alta qualità e a produzione limitata. Tra di noi ci sono professionisti seri e preparati. Mi auguro che tra breve ci presentino la progettazione che rappresenterà il fulcro intorno al quale ruoterà l'innovazione. Sono sicura che tra breve ci stupiranno!

130

Sì, ecco, la realizzazione tecnica della nuova linea implica un'accelerazione del ritmo di lavoro soprattutto nel passaggio tra progettazione e realizzazione.

L'organizzazione del lavoro va pensata a piccoli nuclei di team che lavorano quasi autonomamente e i nostri macchinari, fra l'altro già obsoleti, non sono idonei al nuovo tipo di produzione.

E' quindi necessario l'acquisto di impianti sempre a controllo numerico, ma a maggiore precisione e più flessibili. Di tutto questo dobbiamo certamente discuterne con i rappresentanti sindacali che vedo presenti qui alla riunione; sono convinto che è nell'interesse di tutti raggiungere un accordo serio e equo per cui auspico di sederci insieme al tavolo delle trattative al più presto.

Volevo far presente che questa nuova linea di prodotti richiede un ripensamento dei canali di vendita della nostra azienda.

Dovremmo utilizzare il nostro sito web non soltanto per presentare l'impresa e la gamma dei prodotti, ma anche per offrire e permettere al nostro cliente di ordinare direttamente on-line.

Non voglio sminuire l'importanza del mercato all'ingrosso, che rimarrà a lungo via di smercio principale, ma è chiaro che una azienda moderna oggi deve avere un sito all'altezza anche per la sua immagine esterna. E credo sia indispensabile a questo punto provvedere a coprire la mancanza della figura, assente all'interno della nostra azienda, che si occupi di questo settore.

Sì, la Dottoressa ha ragione, ma aggiungo che, per essere all'altezza dell' innovazione che la nostra azienda si è proposta, buona parte del personale dovrà acquisire nuove competenze sia nel saper fare che nel saper essere, ciò non solo per saper gestire i nuovi macchinari, ma anche per essere in grado di assumersi responsabilità a cui non è abituato.

Ognuno nel suo settore riceverà la prossima settimana un prospetto dei principali cambiamenti previsti, nonché dei corsi di formazione per ora solo abbozzati. Sarei grato di avere da tutti delle risposte con indicazioni sulle necessità reali con una descrizione dei contenuti.

ASCOLTO B. 3

Siamo oggi a colloquio con Marco Ornago, direttore delle risorse umane di Microsoft Italia.

Secondo la tua esperienza, Marco, qual è stato l'impatto delle nuove tecnologie nella gestione delle risorse umane?
L'impatto delle nuove tecnologie sulla gestione delle risorse umane è stato molto forte. Molte delle attività di carattere burocratico e di distribuzione delle informazioni che fino ad un po' di tempo fa assorbivano molto tempo ed energie, ora attraverso la tecnologia vengono svolte in modo più efficace e veloce. Tutto questo ha consentito di porre le persone – che sono la vera ricchezza delle organizzazioni - sempre più in primo piano.

Che cosa intendi dire?
Semplicemente che determinate attività, con l'introduzione delle nuove tecnologie occupano molto meno tempo e consentono di concentrarsi sulle esigenze e le attese delle persone. Per esempio, chi lavora nelle risorse umane deve gestire una gran quantità di dati. Se le procedure d'acquisizione e di condivisione dei dati sono facilitate, il lavoro è molto più semplice e veloce. Con grande vantaggio per l'aspetto strategico e umano delle attività.
Questa evoluzione tecnologica è coincisa con un progressivo mutamento del ruolo della direzione del personale che si è trasformato da controllo e gestione di dati, in un ruolo di creazione di valore. Nella gestione delle risorse umane la tecnologia ha sostanzialmente portato un modo nuovo di trattare le informazioni. Se fino a 15 anni fa la direzione del personale era soprattutto un centro di acquisizione di informazioni, oggi la gestione delle risorse umane è un centro di distribuzione e condivisione di informazioni. Un'azienda evoluta consente alle persone che vi lavorano di accedere facilmente alle informazioni che le riguardano, possibilmente da qualsiasi posto e in qualsiasi momento. (…)

131

Tutto ciò che cosa implica?
Un nuovo modo di operare che noi abbiamo cristallizzato nel concetto di *Information Worker*.
Cioè persone che operano e lavorano attraverso la distribuzione, la condivisione e la conoscenza delle informazioni. L'affermazione di questo modo di lavorare - e delle tecnologie che lo sostengono – è un passo culturalmente non facile. Perché siamo sempre stati abituati, non solo noi delle risorse umane, a proteggere le informazioni, a condividerle solo nei momenti di necessità.
Sono del parere che non può esistere altra strada per la società del terzo millennio che quella della maggiore condivisione possibile delle informazioni. Naturalmente organizzandone il flusso, in base ai criteri di sicurezza, privacy e produttività.
(…)
Torniamo nello specifico al rapporto tra tecnologia e risorse umane. Se ti dico: "reclutamento" quali cambiamenti indotti dalle nuove tecnologie ti vengono in mente?
Il grande passo avanti che l'information technology ha permesso nel reclutamento è stato – ancora una volta – quello di rendere condivisibili le informazioni. L'incontro in rete tra offerta e domanda di lavoro è una pratica ormai acquisita. Se pensiamo, però, a quanto era faticoso per aziende e persone incontrasi solo qualche anno fa, viene da rabbrividire. Invii e ricezioni di curricula, archiviazioni, risposte e convocazioni per colloqui erano procedure che assorbivano molto tempo ed energie. Con lo stesso tempo e le stesse energie aziende e persone in cerca di nuova occupazione ora possono fare molto di più ed in modo più efficiente.

E se ti dico: "mantenimento e massimizzazione della forza lavoro"?
La soddisfazione e la crescita delle persone in un'azienda è un tema centrale per la gestione delle risorse umane. In questo campo hanno grande importanza la formazione e la gratificazione delle persone.
Attraverso le nuove tecnologie le procedure di illustrazione, prenotazione e reporting dei corsi può essere completamente gestita dal sito web intranet dell'azienda.
In Microsoft abbiamo realizzato un sito training attraverso il quale le persone possono recuperare tutte le informazioni sui corsi, vedere i calendari per iscriversi, scegliere i periodi e le date più comode.
Anche la gestione delle aule e dei trainer da parte delle risorse umane è facilitata. Attraverso il web abbiamo immediatamente il quadro completo della situazione e quindi la possibilità di ottimizzare le presenze in aula, fare statistiche.

Secondo te, quale deve essere il profilo dell'*Information Worker* per avere successo nell'Era digitale?

Non molto diverso dal profilo delle persone che si trovano nelle aziende italiane attualmente.
La tecnologia che abbiamo a disposizione non obbliga ad avere particolari conoscenze tecniche,
né a correre in continuazione per starle al passo. Anzi, sono convinto del contrario. Per questo i requisiti
necessari dell'*Information Worker* dell'era digitale sono sempre: una grandissima curiosità intellettuale, unita
al piacere di imparare e intraprendere nuove sfide. Al punto di essere disponibili, magari,
a mettere in discussione modi di lavorare consolidati, per provarne di nuovi.
(…)

(testo tratto da http://www.microsoft.com/italy/informationworker/interviste/default.asp)

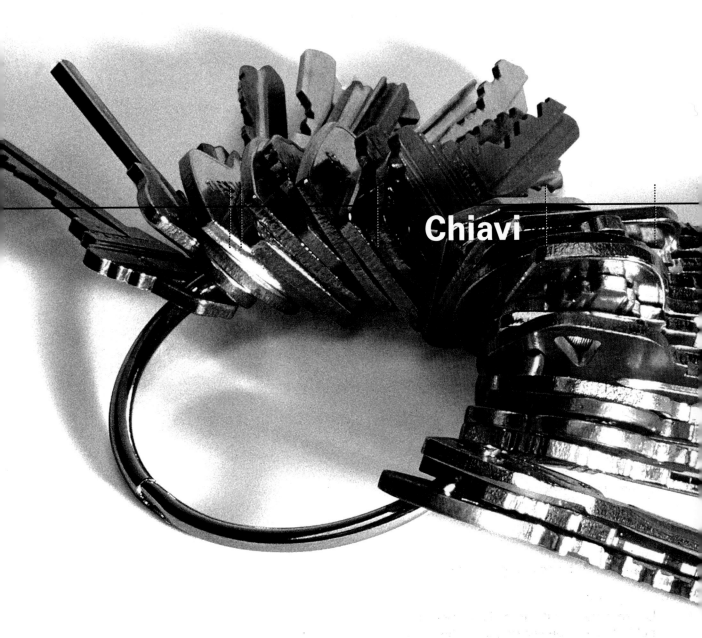

Chiavi

UNITA' N. 1
RAPPORTI INTERNI
ALL'AZIENDA

1. A) Leggere e comprendere
1/A 2/B 3/C 4/A 5/B 6/B 7/C 8/C 9/A

1. B) Ascoltare e comprendere
1/B 2/ A 3/A 4/B

1. D) Leggere e comprendere
1/C 2/A 3/B 4/A 5/A 6/C

134 **1. E) Leggere e comprendere**
1/A 2/ M 3/ F 4/ H 5/ B 6/E 7/G 8/L 9/C 10/I

1. F) Ascoltare e comprendere
(in **grassetto** le parole - chiave)

Procedura da pianificare a) **gestione** degli **ordini**

Il commerciale riceve un ordine dal cliente

1° passaggio
b) il **commerciale verifica** le **scorte** di **magazzino**

2° passaggio
Il commerciale invia una richiesta
alla produzione specificando
c) **ragione sociale** del **cliente**
d) **quantità** e **tipo** del **prodotto**
e) **tempi** di **consegna**

3° passaggio
La produzione riceve la richiesta
del commerciale e
f) **controlla** il **piano** di **produzione**

4° passaggio
La produzione restituisce al commerciale la
richiesta con il benestare per la stesura del
contratto
Il benestare è espresso attraverso
g) una **firma** in calce alla **richiesta**

Archiviazione dei documenti
Presso il commerciale
h) **fotocopia** dell'**ordine** del **cliente**
i) **documento** di **benestare** della **produzione**

Presso l'amministrazione
l) **originale** dell'**ordine** del **cliente**

1. H) Grammatica e lessico
1) tradotta
2) stabilito, fissato
3) garantire / assicurare
4) maniera / modo
5) consumatore
6) compito / lavoro
7) quelli
8) proprio
9) confronti
10) ciascun / ogni
11) mettere
12) misure
13) basate
14) sforzo
15) fa
16) parte
17) subiti
18) bensì

1. I) Ascoltare e comprendere
Compito n. 1:
1/A 2/ C 3 /E 4/ D 5/ F
Compito n. 2:
1/O 2/ N 3/ M 4/ L 5/ H

1. N) Grammatica e lessico
1/D 2/ B 3 /A 4/ C 5/ A 6/B
7/ B 8/ D 9/ C 10/ A 11/D
12/ A 13/ D 14/ B 15/ B

UNITA' N. 2
IL MERCATO INTERNAZIONALE

2. A) Leggere e comprendere
1/B 2/B 3/C 4/B

2. B) Leggere e comprendere
1/B 2/F 3/M 4/A 5 /D 6/H 7/L 8/I 9/G

2. D) Grammatica e lessico
1/A 2/B 3/D 4/B 5/ B 6/ D 7/C 8/B 9/D

2. E) Ascoltare e comprendere
1/A 2/A 3/C 4/B

2. F) Leggere e comprendere
1/B 2/C 3/A 4/A 5/B 6/A 7/C 8/B 9/C

2 G) Ascoltare e comprendere
(in **grassetto** le parole - chiave)

Programma comunitario JEV
(Joint European Venture)
Oggetto delle agevolazioni a) *costituzione di*
consorzi *e* **joint venture transnazionali**

Condizione n. 1 b) *partecipazione di* **aziende** *con*
sede *nell'***Unione Europea**

Condizione n. 2 c) *aziende con sede in almeno*
2 diversi stati europei

Legge Ossola
Beneficiari diretti delle agevolazioni
d) **aziende straniere acquirenti**

Agevolazione concessa e) **pagare** *il fornitore*
italiano **attraverso dilazioni**

L. 100/90
Oggetto delle agevolazioni f) *costituzione di*
consorzi *e* **joint venture**

Condizione g) *partecipazione di* **aziende** *con* **sede**
in **paesi extraeuropei**

L. 143/98
Oggetto delle agevolazioni
I) h) **studi** *di* **fattibilità** *per* **progetti** *all'***estero**
II) i) **partecipazione** *a* **gare** *d'***appalto**

L. 212/92
Oggetto delle agevolazioni l) *progetti di*
cooperazione *con* **aziende** *dei* **paesi poveri**

2. I) Ascoltare e comprendere
Compito n. 1
1/D 2/B 3/E 4/G 5/A
Compito n. 2
1/L 2/P 3/O 4/N 5/H

2. N) Grammatica e lessico
1 segue
2 via
3 per
4 deve
5 possano
6 conoscenza
7 svolgimento
8 relativa
9 affinché
10 dovuta
11 volta
12 periodo
13 alla
14 fattura

135

UNITA' N. 3
OBBLIGHI E OPPORTUNITA'
"NORMATIVE" –
"FINANZIAMENTI ALLE
IMPRESE"

3. A) Leggere e comprendere
1/B 2/C 3/A 4/A 5/A 6/B 7/C 8/C 9/B

3. B) Leggere e comprendere
1/A 2/C 3/B 4/A

3. D) Grammatica e lessico
1/A 2/ B 3/A 4/C 5/B 6/D 7/A 8/C

3. E) Leggere e comprendere
1/ H 2/E 3/A 4/M 5/C 6/G 7/I 8/D 9/F 10/L
11/B

3. F) Ascoltare e comprendere
1/B 2/B 3/B 4/C

3. H) Ascoltare e comprendere
(in *grassetto* le parole - chiave)
Il bando integrale della gara d'appalto è
pubblicato nella Gazzetta Ufficiale della
Repubblica Italiana, **1)** *numero **12** del **2.5.02***

L'estratto del bando di gara è pubblicato **2)**
*nel **sito internet** del **Comune***

Oggetto della gara **3)**
***costruzione** di una **palestra** presso la **scuola
elementare***

Consegna delle offerte: **luogo 4)**:
uffici del Comune
Contenuto delle 2 buste da consegnare:
busta n. 1: **5)** *progetto edile*
busta n. 2: **6)** *offerta economica*
termine 7): *ore **13.00** del **11.06.2002***
condizione 8): ***non fa fede** il **timbro postale***

Svolgimento della procedura:
in data 15.06.2002 avverrà: **9)** *apertura delle*
buste** contenenti i **progetti

In data 25.06.2002 avverrà: **10)** *apertura delle*
buste** contenenti le **offerte

Criterio per l'assegnazione dei lavori **11):** ***prezzo
più basso***

Punti da analizzare nel bando integrale
12) ***Caratteristiche generali** dell'**opera edile***
13) ***Requisiti minimi** delle **imprese***
14) ***Documenti** da presentare **allegati** al **progetto***

3. M) Grammatica e lessico
  1. intendono
  2. cui
  3. secondo
  4. alla
  5. conformità
  6. cui
  7. a
  8. fine
  9. emissione
  10. entro
  11. mezzo
  12. partire
  13. termine

3. N) Ascoltare e comprendere
Compito n. 1
1/E 2/D 3/B 4/F 5/G
Compito n. 2
1/L 2/H 3/M 4/P 5/O

UNITA' N. 4
MARKETING E PUBBLICITA'

4. A) Ascoltare e comprendere
Compito n. 1
1/C 2/B 3/E 4/F 5/G
Compito n. 2
1/N 2/I 3/M 4/P 5/L

4. C) Leggere e comprendere
1/G 2/A 3/B 4/D 5/P 6/F 7/M 8/C 9/H 10/I
11/L 12/N

4. B) Leggere e comprendere
1/B 2/A 3/C 4/A

4. F) Grammatica e lessico
1/B 2/D 3/B 4/A 5/D 6/C 7/A 8/B 9/A 10/B

4. G) Ascoltare e comprendere
(in **grassetto** le parole - chiave)

GRUPPO DI LAVORO	AREA DI INTERVENTO	COSE DA FARE	TEMPI
Luca e Sergio	1) pubblicità sui **giornali**	2) contattare **due quotidiani** e **due settimanali** 3) avere **preventivi** e **disponibilità spazi**	4) **entro 1 settimana**
Maria	5) **sito WEB**	6) **scaricare sito** internet **cliente** 7) **fare un'analisi** 8) **fare una relazione**	9) **10 giorni**
Anna e Stefano	10) creare lo **slogan**	11) **creare 3 slogan**	12) **15 giorni**

4. H) Leggere e comprendere
1/A 2/B 3/C 4/A 5/A 6/B 7/C
8/C 9/B

4. M) Ascoltare e comprendere
1/C 2/B 3/B 4/A

4. N) Grammatica e lessico
1 numero
2 perdite
3 risponde
4 gran
5 direzione
6 nei
7 rispetto
8 seguito
9 al
10 tutti

UNITA' N. 5

A.1 Comprensione della lettura
PRIMA PARTE
1/A 2/C 3/C 4/B 5/B 6/B 7/C 8/A 9/A

A.3 Comprensione delle lettura
TERZA PARTE
1/B 2/A 3/B 4/B 5/C 6/A

A.2 Comprensione delle lettura
SECONDA PARTE
1/G 2/C 3/B 4/O 5/I 6/E 7/L 8/D 9/H 10/M
11/A

B.1 Ascolto
PRIMA PARTE

1. Nel 1996 il 30% delle imprese industriali italiane risultava **pienamente informatizzato**
   La maggioranza di questo 30% di imprese presentava le seguenti caratteristiche
2. numero di dipendenti **più di 50**
3. area geografica **Nord-Ovest del paese**
4. settori **chimica e minerali (non metalliferi)**
5. L'Italia è oggi al quarto posto per **numero di robot (installati nelle fabbriche)**
6. L'industria italiana di macchine utensili è al quarto posto per **capacità produttiva**
7. L'industria italiana di macchine utensili è al terzo posto per **esportazioni**
8. Una ricerca stima che in Italia ci siano 3 milioni **di pagine WEB**
9. Grazie all'informatica una media impresa può diventare **una multinazionale**
10. Dal 1992 a oggi sono passate da 30.000 a 150.000 le imprese italiane che **hanno rapporti con l'estero**

B.2 Ascolto
SECONDA PARTE
Compito 1:
1/G 2/B 3/E 4/A 5/C
Compito 2:
1/L 2/I 3/P 4/M 5/H

B.3 Ascolto
TERZA PARTE
1/B 2/B 3/C 4/A 5/B 6/C 7/A

C.1 Grammatica e lessico
PRIMA PARTE
1/A 2/C 3/A 4/C 5/D 6/C 7/A 8/B 9/D
10/A 11/B 12/B

C.2 Grammatica e lessico
SECONDA PARTE
1 restando
2 rilasciata
3 mai
4 che
5 differisce
6 a
7 logica
8 essere
9 come
10 rischia
11 se
12 sempre/ ammmesso
13 se
14 esercitato

139

140

141

142

Finito di stampare nel mese di giugno 2005
da Guerra guru s.r.l. - Via A. Manna, 25 - 06132 Perugia
Tel. +39 075 5289090 - Fax +39 075 5288244
E-mail: geinfo@guerra-edizioni.com